AF502570

ALBERT LONDRES

CHEZ LES FOUS

DESSINS DE ROUQUAYROL

ALBIN MICHEL, ÉDITEUR
Paris - 22, Rue Huyghens, 22 - Paris

COLLECTION
“LES GRANDS REPORTAGES”

« Faites du reportage! » *tel était le conseil qu'un de nos plus grands écrivains ne cessait de donner à tous les débutants. Cette collection nouvelle des GRANDS REPORTAGES constitue une série de faits sensationnels rapportés et interprétés par des maîtres du journalisme contemporain. Ces notations frémissantes de vie, éparpillées par le journal suivant l'actualité quotidienne, reçoivent enfin l'hospitalité du livre qui dure... A l'intérêt de la plus brûlante actualité s'ajoute la valeur inappréciable d'un témoignage vécu. Documents plus attachants dans leur saisissante réalité que mille romans d'imagination.*

OUVRAGES PARUS :

LONDRES (Albert) **Au Bagne.**

HELSEY (Edouard) **Au Pays de la Monnaie de Singe** (*Voyages en Allemagne,* 1913-1923).

LONDRES (Albert) **Dante n'avait rien vu *(Biribi).***

BERAUD (Henri), BOURCIER (Emmanuel) et SALMON (André)... **L'Affaire Landru.**

LONDRES (Albert) **Chez les Fous.**

Etablissements Busson, 23, rue Turgot, Paris (9e) - Téléph.: Trudaine 61-79

CHEZ LES FOUS

DU MÊME AUTEUR

L'Ame qui vibre, poèmes.

Le Poème Effréné :

I. Lointaine.

II. La Marche a l'Etoile.

Au Bagne.

Dante n'avait rien vu (Biribi).

A paraître :

La Chine en folie.

Les Grands Reportages

ALBERT LONDRES

CHEZ LES FOUS

DESSINS DE ROUQUAYROL

ALBIN MICHEL ÉDITEUR

Paris - 22, Rue Huyghens, 22 - Paris

Il a été tiré de cet ouvrage :

15 exemplaires sur vergé pur fil VINCENT MONTGOLFIER

numérotés à la presse

de 1 à 15

— Si j'allais au bagne ?
— Allez.
Huit mois plus tard :
— Si je partais pour Biribi.
— Partez.
Au retour de Biribi :
— Si je faisais les fous ?
— Faites.
Ainsi me répondit

ELIE-JOSEPH BOIS

Grand capitaine des reporters
que nous sommes.

Qu'il accepte ici l'hommage de ce livre.

A. L.

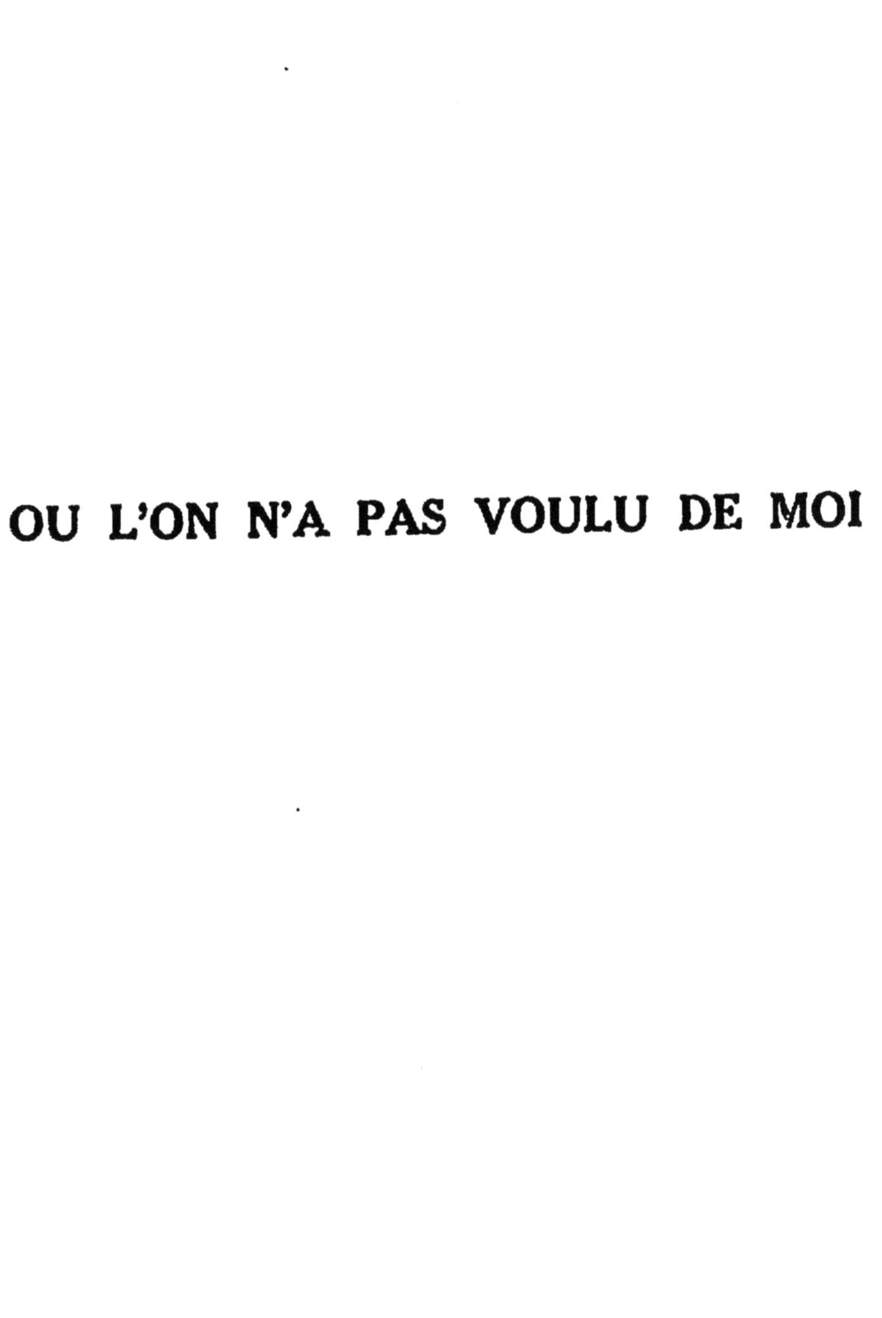

OU L'ON N'A PAS VOULU DE MOI

Rouquayrol

Je ne suis pas fou, du moins visiblement, mais j'ai désiré voir la vie des fous. Et l'administration française ne fut pas contente. Elle me dit : « Loi de 38, secret professionnel, vous ne verrez pas la vie des fous. » Je suis allé trouver des ministres, les ministres n'ont pas voulu m'aider. Cependant, l'un d'eux eut une idée : « Je ferai quelque chose pour vous, si vous faites quelque chose pour moi : soumettez vos articles à la censure. » Je cours encore.

J'allai voir le préfet de la Seine. C'est un homme fort courtois :

— Grâce à moi, me dit-il, vous visiterez les cuisines et le garde-manger.

J'eus peur qu'il me montrât aussi les tuiles du toit, alors je suis parti.

Je me tournai vers les médecins d'asiles.

Ils me foudroyèrent :

— Croyez-vous, me dit l'un d'eux, que nos malades sont des bêtes curieuses?

Il m'avait pris pour un dompteur. Il suffisait, lui.

Alors, j'ai cru qu'il serait plus commode d'être fou que journaliste. « Je vais aller à l'infirmerie spéciale du dépôt, dis-je, on me gardera sans doute! »

Je m'amène quai de l'Horloge.

Le local n'était pas engageant. On eût dit la coursive d'un vieux cargo hors de service. Le mal de mer apparaissait déjà à l'horizon. C'était propre et cela sentait le fond de vieille cale. La propreté était ce qu'il y avait de grave. Autrement, on aurait pu supposer qu'une fois balayé c'eût été mieux. Des cellules à hublot donnaient sur ce couloir. Les trois premières étaient occupées, la quatrième semblait vide, j'avais une chance !

Catastrophe ! Je connaissais le docteur : Clerembault ! Nous avions échangé des pensées presque définitives, jadis, ensemble, sur les quais de Salonique, aux temps héroïques.

— Bonjour ! Que vous faut-il ? Vous êtes malade ?

C'était sinistre.

— Je le suis moins, dis-je.

— Le cadre vous déplaît ? Nous avons ici des gens très bien : professeurs, artistes, hommes du monde. Nos clients possèdent souvent de beaux appartements en ville ! Il en est même un qui reçut la Légion d'honneur dans cette cellule. Il avait fait des galipettes, la veille, entre cinq et sept sur la voie publique. Cela ne vous dit rien ?

— Qu'avez-vous à m'offrir comme compagnons aujourd'hui ?

Il n'avait rien de huppé ; des alcooliques hallucinés, un malheureux *classique* qui voulait voir le nonce afin de lui transmettre une communication urgente du Christ, et puis un véritable père de famille (huit enfants) qui, vexé à juste titre de n'avoir pas reçu un prix Cognacq, était allé dans les magasins dudit M. Cognacq revendiquer un petit manteau, *tout au moins*, pour son dernier enfant, en bas âge — vu qu'il fait si froid, avait-il ajouté.

— C'est un fou?

— Pourquoi pas?

Le docteur me mena dans une cellule capitonnée.

— Ça vous va?

— Ça ne sent pas bon.

— Mais ça rend des services!

— Je vais réfléchir.

— Adieu! fit Clerembault, me remettant mon chapeau, allez vous faire enfermer ailleurs.

Où?

Qu'ils s'appellent asiles départementaux, asiles privés, faisant fonctions d'asiles publics, asiles autonomes, la France compte quatre-vingts immeubles officiels pour ses fous. De plus, nous avons l'honneur de posséder un établissement *national* baptisé Saint-Maurice, mais répondant de préférence, au nom de Charenton. De plus, nous sommes riches de treize quartiers d'hospice, qui ne doivent rien à personne. De plus, toute la gamme des « maisons de santé » accourt à notre secours. Il y a les maisons de santé mixtes, c'est-à-dire celles où dans le pavillon de droite joue la loi de 38, où dans le pavillon de gauche ne joue rien du tout. Vous demandez si cette loi est de 1600, 1700 ou 1838? Cela est sans importance. En matière de lois, on n'en est pas à un siècle près chez nous! Il y a les maisons de santé libres, les villas d'hydrothérapie. Il y a les sanatoria où « ne sont pas admis les placements d'aliénés ». Ce sont les prospectus qui le disent. La chose n'est pas complètement fausse. En effet, quand une personne tombe malade de la mystérieuse maladie, si cette personne n'a pas le sou, elle est folle. Possède-t-elle un honnête avoir? C'est une malade. Mais si elle a de quoi s'offrir le sanatorium, ce n'est plus qu'une anxieuse.

« Je vais aller à Sainte-Anne, me dis-je. J'ai entendu parler d'un certain *service ouvert* qui fera mon affaire. »

J'arrive à Sainte-Anne.

« Pavillon de prophylaxie mentale, docteur Toulouse. » J'y suis.

C'est tout de même une belle invention que ce service ouvert. Jadis, les pauvres « dingos » n'avaient pas le choix : ou traîner sans espoir leur « dinguerie » sur la voie publique ou se faire cloîtrer dans un asile. Aujourd'hui, c'est un rêve! Dès que l'on sent les atteintes de l'araignée, on vient ici. Chauffage central. Infirmières fraîches et bien nourries. On ne s'ennuie pas une seconde.

Au fait, pourquoi ce service dut-il, pour exister, attendre la venue du docteur Toulouse? Jusqu'ici on avait le droit de souffrir du foie, de la rate et des autres organes supplémentaires ou essentiels. Il était défendu d'avoir mal à l'encéphale. Ou il fallait s'adresser d'abord au commissaire de police. Pour être fou, on avait besoin de certificats! Aujourd'hui on n'a qu'à pousser une porte. Et l'on vous dit doucement :

— Qu'avez-vous, mon enfant? Voulez-vous que je vous soigne?

C'est épatant! C'est l'administration qui doit trouver cela scandaleux!

Je m'asseois. Levé avant le jour, je n'étais arrivé que le cinquième. On trouve toujours plus fou que soi! Le premier était un monsieur qui regardait avec précision la semelle de son soulier gauche. Un quart d'heure plus tard, il la regardait toujours. C'était une semelle normale pourtant! Un couple occupait la deuxième et la troisième chaises. L'un des deux venait conduire l'autre; lequel? La quatrième était une dame qui pleurait sans bruit et sans mouchoir. Ses larmes s'allongeaient sur ses joues et tombaient abandonnées, sur sa robe noire. Un nouveau couple entra. Il prit place à ma suite. La jeune femme enleva son chapeau et le mit sur ses genoux, puis elle le remit sur sa tête, puis elle le remit sur ses genoux, etc. Son mari s'empara du chapeau et, d'un geste de personne raisonnable, l'immobilisa sous son bras.

Les clients affluaient. Cent mille malades de cette « maladie » circulent dans Paris. Ce n'est pas un, c'est vingt services ouverts qu'il faudrait.

La jeune femme reprit son chapeau. Elle recommença son manège, coiffant tour à tour sa tête, ses genoux. Heureusement, le chapeau tomba. Le mari mit vite un pied dessus et ne bougea plus.

Là-bas, dans le fond, voilà le maître, le docteur Toulouse. Le jour où l'on verra le docteur Toulouse sans une calotte noire crénelant son crâne, n'est pas encore venu. L'autre docteur s'appelle Pierre Dominique. C'est lui qui écrivit *Notre-Dame de la Sagesse*. Ah! je les connais bien tous deux! Pourvu qu'ils ne me reconnaissent pas!

Une dame entre. Elle est émue. Elle tient un

petit garçon par la main et pleure. D'un regard elle cherche à qui confier l'enfant.

— Voulez-vous le garder une minute?

Pourquoi moi? La dame disparaît.

Je ne sais pas garder les enfants; je vais apprendre.

— Tu es malade, mon petit?

— Pas moi, c'est ma grand'mère!

— Qu'est-ce qu'elle a?

— Elle est folle.

— Où est-elle?

— Au premier étage.

La dame redescend. Elle pleure plus fort.

— Pourvu qu'on ne « *me* » *la mette pas en face!* me dit-elle, tout comme si j'étais au courant de ses histoires de famille.

« En face », c'est Sainte-Anne.

— Mon mari m'a dit : « Fais ce que tu veux, c'est ta mère. Mais si elle met le feu chez moi et qu'elle fasse brûler mes petits? » C'est horrible, monsieur! Vous venez aussi pour une parente?

— Non, madame, je viens pour moi.

Ses yeux, défaits par les larmes, s'immobilisèrent. Elle m'arracha l'enfant. Je me sentis soudain dangereux pour la société.

Fausse joie!

Mon tour arriva.

Les maîtres-médecins me palpèrent doucement. Ils regardèrent mes prunelles jusqu'en ses profondeurs les plus reculées. Avec un petit marteau, mignon comme un bijou, ils me frappèrent sur le genou. Enfin, ils me dirent :

— Vous? Malade? Etes-vous fou?

— Parfaitement!

— Nous voulons dire : vous êtes fou de vous croire fou. Ou peut-être vous payez-vous notre figure?

C'était raté. Il faudra trouver un autre truc. Le mieux sera, je crois de faire un peu moins le fou et un peu plus le journaliste.

LE FOU A DOMICILE

On frappa à ma porte quelques coups vigoureux et mal comptés.

— Entrez !

C'était à la fin d'un après-midi, vers six heures. La porte s'entr'ouvrit, un homme passa la tête. Je ne vis que la tête d'abord.

— Eh bien ! entrez.

L'homme me tendit une enveloppe où mon nom était écrit :

— C'est bien vous ?

— Parfaitement.

L'homme manifesta une joie sauvage. Il tenait, sous le bras, une monumentale serviette, il la posa sur le plancher. Ne voyant rien pour accrocher son chapeau, il le lança d'un geste sûr, au-dessus d'une armoire.

— Je suis heureux! dit-il. Vous ne me demandez pas comment j'ai trouvé votre adresse? Elle n'est pas dans les bottins, vous savez. C'est une lacune. Faites-vous inscrire dans les bottins pour l'année prochaine. Cela économisera de l'argent à des bougres comme moi. J'ai dépensé depuis avant-hier trente-sept francs pour vous dénicher. Je ne compte pas mes souliers. Je viens de Nice à pied, pour vous voir. Salut!

Il déboutonna son pardessus. L'homme était nu jusqu'au nombril.

— Avez-vous un peu d'eau de Cologne? Rien qu'un peu?

Et il réunit ses deux mains comme une coupe.

Je lui versai de l'eau de Cologne. Il s'en frottait le visage et la poitrine.

— Encore! disait-il, encore!

Soudain, il avisa un vague canapé dans un coin.

— Ah! fit-il, vous permettez?

Il se coucha. Des livres et de vieux journaux lui bourraient les côtes, en dessous. Cela ne le dérangea pas. Il ferma les yeux et me dit :

— Je suis épuisé. On m'a inoculé onze maladies. Je puis mourir ici subitement. C'est pourquoi je vous demande un quart d'heure de repos. Après, je vous donnerai l'affaire la plus formidable de l'époque. N'ayez pas peur, vous ne perdrez pas votre temps.

Il ouvrit les yeux.

— Où est ma serviette? Bon. Si vous sortez pendant que je dors, enfermez-la dans votre coffre-fort. La police de Londres paierait cette serviette vingt mille livres sterling et ne serait pas volée. Au revoir. Ne me réveillez pas, mais vous pouvez fumer. Votre eau de Cologne ne sent pas mauvais.

Il referma les yeux et ronfla.

L'homme accusait quarante-six ans et n'était point gras.

Voici ce que disait la lettre qu'il m'avait remise : « Mon cher confrère, je vous adresse M. Manikoff. Je l'ai entendu pendant six heures. Je crois que l'histoire importante qu'il m'a racontée vous intéressera particulièrement, etc., etc. — G. A., de l'*Eclaireur de Nice.* »

Ce n'était pas une mauvaise plaisanterie!

Le dit Manikoff, lui, ronflait toujours.

A sept heures, je lui pinçai l'épaule.

— Quoi? Ah! oui! Je suis à vous. Avez-vous un peu d'eau de Cologne?

— Faut décamper, mon vieux, je pars.

— Sept heures? Bien. Si vous m'écoutez sans me taquiner, j'aurai fini mon récit à quatre heures du matin.

— Aujourd'hui, mes bureaux sont fermés. Il faut vous en aller.

Vexé, il se leva, reboutonna son pardessus sur sa peau.

— Et le chapeau? demanda-t-il.

Le chapeau était sur l'armoire. Je le fis dégringoler du bout de ma canne. Manikoff se coiffa, ramassa sa serviette.

— Au fait, dit-il, j'ai rendez-vous à huit heures avec le chef de la police de Londres. Au revoir!

— Au revoir!

— Donnez-moi seulement dix francs comme

acompte sur ce que j'ai dépensé pour trouver votre adresse. Merci. Au revoir.

Le lendemain, il était assis sur la septième marche de mon escalier.

— J'ai réduit, dit-il, quatre heures me suffiront... la plus grosse affaire de l'époque. Vous allez comprendre pourquoi certains bateaux coulent au port, pourquoi des religieuses de Constantinople ont injecté la peste noire à ma petite fille blonde, pourquoi ma splendide épouse, belle comme la vierge de Kazan, fut enlevée à Sofia au son de l'accordéon...

— Au revoir!

— Au revoir! Donnez-moi dix francs, vous ne m'en devrez plus que dix-sept.

Pendant une semaine, on ne vit que lui dans l'hôtel. Il jetait la panique à tous les étages. On ne l'appelait plus que *mon* fou. Le portier me dit: « Rendez-lui ses dix-sept francs et qu'on ne le revoie plus! » Sous ma porte, je trouvais des mots ainsi conçus : « Vous refusez de faire votre fortune et celle de votre journal, les Français seront toujours les Français. Un escroc génial, fort comme Napoléon met en coupe l'Occident et le proche Orient. J'ai son nom. » Il apporta, une fois, une peau de lapin à la bonne d'étage « pour qu'elle organise ses chaussons pour l'hiver », puis il disparut.

Un jour, les journaux publièrent cette note : « Un nommé Manikoff, interné à l'asile de Bourg, a fait des révélations au procureur de la République au sujet de l'assassinat de l'ingénieur Duftoy, sur la ligne Paris-Versailles. »

Mon Russe, arrivant de Moscou par Constantinople-Sofia-Nice et Paris, était aller se faire enfermer à Bourg!

Et je partis à travers la France voir les fous.

— Tiens, dis-je, alors que, dans la région de Lyon, je naviguais tous feux éteints (pour ne pas être torpillé par l'Administration), si j'allais rendre visite au vieux frère Manikoff? Et je mis le cap sur Bourg-en-Bresse.

J'arrive. Je file à Saint-Georges (l'asile). Je demande à parler à Manikoff. On me répond : « Comment donc! » Le docteur me précède, un gardien ouvre des portes. Manikoff est à l'infirmerie.

Voilà la salle. Ils sont deux douzaines, tous au lit, et remarquablement sages. Je cherche mon Manikoff. Je ne vois pas sa tête intéressante.

— Bonjour! crie-t-on.

C'est lui qui me reconnaît! Il avait une barbe et un bonnet de coton. De sa barbe ou de son bonnet, on n'aurait pu dire quoi était le plus gris et le plus long.

— Manikoff, que vous êtes vilain!

— Moi! que ma superbe femme appelait son mari admirable, oui, tel je suis, en ce jour.

— Vous savez, dit le docteur, qu'il a voulu s'évader, qu'il a fomenté un complot. Ah! c'est un lapin!

— A qui le dites-vous?

— Vous voulez parler à votre ami? fit le docteur.

— Oui, à lui seul.

Le docteur n'y vit pas d'inconvénient et sortit avec le gardien.

— Eh bien! mon vieux, lui dis-je, triomphant je vous avais prévenu que vous étiez « piqué ».

— Libre, j'étais agité; enfermé, je suis calme, ne jugez donc pas sur l'apparence.

— Mais comment êtes-vous à Bourg-en-Bresse?

— Par Saint-Crépin, patron du cuir (1) c'est à conter. Un jour, pensant à vous, je me dis : « Il faut que je le laisse se reposer. » J'avais l'adresse d'un Anglais. Je vais chez l'Anglais. Il m'écoute cinq minutes, tire sa montre et me dit, magistral : « Repassez donc à six heures. » Je ramasse ma serviette de vingt mille livres sterling et je pars. Je reviens à six heures. A peine avais-je franchi la grille de son jardin que deux hommes jaillissant de la nuit se jettent sur moi et me ceinturent. Une main me bâillonne. L'un dit : « Il n'est pas lourd. » J'étais résigné. On n'avait déjà fait le coup à Sofia. La Mafia, la grande Mafia dont vous n'avez pas voulu entendre l'histoire se réveillait. Elle avait empoisonné la fille, débauché la mère, elle ligotait le père... Ainsi soit-il. On me jette dans un taxi. Messieurs, dis-je aux deux cosaques de la Seine, si je ne suis point lourd ainsi que vous avez pu le constater c'est que je ne suis point gras; aussi je vous serais fort obligé de ne pas me serrer de la sorte, car vous froissez mes muscles que rien ne protège. On m'a emmené à l'infirmerie spéciale du dépôt. Je suis resté deux jours dans une cellule qui sentait le chat séquestré...

— Cela, c'est vrai, Manikoff.

— Puis ce fut Sainte-Anne. Et Sainte-Anne expédia six pensionnaires à Bourg-en-Bresse. J'en étais. C'est ainsi que j'effectuai le voyage avec cinq insensés qui faisaient pipi par la portière!

Les deux douzaines de malades se dressaient sur leurs lits. Leurs yeux s'allumaient d'un désir. L'un se leva. En chemise, il traversa la salle sur ses pieds malpropres et s'approcha de moi :

— Quand est-ce que je vais sortir? me demanda-t-il tout bas.

Un autre, la chemise nouée au-dessus du nombril, se mit debout sur son matelas et cria :

— Si j'ai violé une petite fille, la guillotine! Si c'est un mensonge de ma belle-mère, la clef des champs, pan-ra-ta-plan!

— Moi je veux voir le procureur de la République. Il y a le Président de la République, il y a le 14 Juillet de la République, il y a la place de la République; il n'y a pas de procureur de la République, bique de bique!

— Scélérat! Scélérat! Voilà les rats!

Assis sur son lit, celui-ci, faisant le signe de croix, répétait :

— Au nom du père, au nom du fils, sacré fils! sacré fils! D'zim! ba-da-boum! la d'zim! da-boum!

Manikoff me frappant sur l'épaule me dit :

— Voilà les ex-raisonnables!

Ils sont 80.000 dans les asiles de France!

UN QUARTIER D'AGITÉS

Cette fois j'étais dans l'Ouest. Je tairai le nom de l'asile. Il m'a fallu faire autant de promesses qu'exécuter de cabrioles pendant les mois de cet hallucinant voyage. Ici, donner ma parole d'honneur (cela se pratique encore) ; là, passer pour le parent d'un pensionnaire. Un autre jour, j'étais interne. Je fus gardien. Par un matin ensoleillé, un dentiste arriva dans une maison de fous, j'étais son aide. C'est moi qui portais le davier! Et j'ai connu bien d'autres professions! Drapés dans leur manteau couleur d'importance et par surcroît démodé, les fonctionnaires, hauts et bas mandarins de la République, n'ont jamais empêché un journaliste de faire son métier, n'est-ce pas, confrères?

On m'avait ouvert une cour d'agités.

— Restez là, les gardiens sont prévenus.

Afin de ne pas être pris pour un procureur de la République, j'avais le chef couvert d'un béret. De plus, quand on possède un fond d'innocence et que le « débraillé » ne vous va pas trop mal, on peut fort bien passer inaperçu dans un quartier d'insensés.

Les fous n'ont pas d'uniforme. Cela ajoute à la tragique mascarade. En voici deux tous nus. (Ils adorent être nus.) Entre ces deux, un gentleman coiffé d'un melon se promène. Cet autre porte veston et caleçon; autour de son bras gauche est son faux-col en celluloïd. Ils sont soixante-dix environ, en habit de ville, en bourgeron de travail, et déboutonnés par ci, par là, en dehors des limites de la pudeur.

Cela ne hurlerait pas trop sans une espèce de putois qui, tout en dénouant une corde, là-bas, au fond, s'en prend à la terre entière de je ne sais quel affront que lui inflige un être invisible. Il se fâche comme si son ennemi était devant lui. Son ennemi est bien devant lui, mais seul il le voit.

L'air profondément préoccupé, un étonnant magot vient me trouver dans mon coin. Il me fixe une minute, puis se décide :

— Excusez-moi si j'ai la morve au nez, je suis préfet des Côtes-du-Nord. J'ai passé deux fois par la mort, mais je crois encore être vivant. Dois-je ou ne dois-je pas vous choisir comme secrétaire général? Vous donner le titre, c'est vous conférer une autorité qui, peut-être, dépasse votre intelligence; me priver de vos services, c'est m'accabler de nouveau sous un travail écrasant.

Il met un doigt contre son front :

— Réfléchissons. Dois-je ou ne dois-je pas, grand chambellan mon père?

Le fou est individualiste. Chacun agit à sa guise. Il ne s'occupe pas de son voisin. Il fait son geste, il pousse son cri en toute indépendance. Quand plusieurs vous parlent à la fois, l'homme sain est seul à s'apercevoir que tous beuglent en même temps. Eux ne s'en rendent pas compte.

L'un se suiciderait lentement au milieu de cette cour qu'aucun ne songerait à intervenir.

Ils sont des rois solitaires.

Le corps que nous leur voyons n'est qu'une doublure cachant une seconde personnalité invisible aux profanes que nous sommes, mais qui habite en eux. Quand le malade vous semble un être ordinaire, c'est que sa seconde personnalité est sortie faire un petit tour. Elle reviendra au logis. Ils l'attendent.

Si leur conversation paraît incohérente, ce n'est que pour nous; eux se comprennent. La rapidité de leur pensée est telle qu'elle dépasse les capacités de traduction de la langue.

Ils laissent des mots en route, comme on saute deux marches d'escalier à la fois quand on est jeune et que l'on a du souffle. Les poètes, partis dans le cercle lumineux de leur inspiration, inventent des termes, les fous forgent leur vocabulaire. Les conventions séculaires, qui font qu'un même peuple s'entend parce que les individus de ce peuple accordent aux mots une signification définie, ne jouent pas pour eux. Les fous parlent en dehors des règles établies. Il n'y a pas un peuple de fous : chaque fou forme à lui seul un propre peuple.

Il a sa langue. Ainsi, quand ce jeune homme, qu'un veston de bonne coupe pince à la taille, vient à vous du fond d'un quartier d'asile et vous envoie : « Au petit matin, les chapeaux haut de forme sont venus me travailler, tout devint *Soviet*, *Yokohama*, mais j'ai escamoté grand-père, fils et petit-fils Deibler », il ne faut pas conclure que cet homme ne sait pas ce qu'il dit. Vous allez trouver le médecin. Vous lui soumettez la phrase: « C'est très clair ! » fait-il. « Au petit matin les chapeaux haut de forme sont venus me travailler. » Traduisez : « A mon réveil, les aides du bourreau sont venus me prendre. » « Tout devint *Soviet.* » Soviet? Drapeau rouge, donc : « Tout devint rouge. » « Yokohama? » Yokohama : formidable tremblement de terre. Donc : « tout devint rouge et catastrophique. » « Mais j'ai escamoté père, fils et petit-fils Deibler. » « Mais je me suis délivré de tous les bourreaux passés, présents et futurs. » Bravo !

Quel est ce monsieur, les cheveux blancs et la

barbe rouge? Il se teint, cela est sûr. Il se teint chaque matin avec de la poudre de brique. Il démolit le mur, arrache une brique, la pile, et, en avant la toilette! Quand il vente, une poussière rouge s'élève de sa barbe.

Le gardien me dit : « En voici un qui ne pourra pas vous parler, mais il vous montrera sa langue. »

— Montrez votre langue!

L'homme ouvre la bouche. Je ne vois rien. J'avance un œil. Cet homme n'a plus qu'une moitié de langue. Voici comment la chose s'est passée. Il était là, immobile, dans la cour, la langue sortie. Un de ses compagnons, les mains aux poches, à pas lents, s'avança vers lui. Il colla doucement son menton au menton de l'homme, il prit dans sa bouche la langue qui pendait et, d'un coup de mâchoire il la trancha. C'est tout.

Un autre a l'oreille mangée. C'est un camarade également qui lui rendit ce service.

— Et regardez celui-là qui s'use le coude, là-bas!

C'en était un, en effet, qui, sérieusement, et sans précipitation, se servait du mur comme d'une meule pour donner de l'air à son os du coude. C'est sa manie. On pourrait dire : c'est son plaisir. La peau de son coude était passablement entamée. On lui remettra la camisole.

Les fous résistent à la douleur de façon surhumaine. Ils avalent des cuillers comme nous autres un cachet. L'un de ces messieurs s'était, un jour, procuré une scie. Il s'attaqua sous le sein gauche. Quand le docteur arriva, il put voir, par l'ouverture, battre la pointe du cœur. L'homme se sciait, sourire aux lèvres.

Depuis dix minutes, où que j'aille, un pensionnaire va. Il a les mains jointes, ses lèvres remuent. Il prie à voix basse. Il s'arrête si je m'arrête, Je repars, il repart. C'est gênant. J'essaye de le « semer ». Insensé! insensé que je suis! Il colle à cinq pas.

— Faites votre prière contre le mur, lui dis-je. C'est plus commode.

Il n'a pas compris. C'est un Polonais. Il tombe à genoux devant moi. La prière s'accélère sur ses lèvres. Je sais ce qu'il en est, maintenant, d'être pris pour une icône!

Ce n'est pas pour l'harmonie que cela verse dans la cour que l'on a donné un sifflet à ce grand monsieur, mais il est chef de gare. Il n'était qu'employé au chemin de fer. Depuis qu'il a quitté visiblement notre triste vallée, il est chef de gare. Il fait partir des trains que nous ne voyons pas.

— Attention! Attention! crie-t-il en me faisant signe de ne pas traverser *la voie*.

Je m'écarte. Il siffle. Maintenant je puis marcher : le train est passé!

Sauf au putois du fond qui glapit de plus belle et cette fois contre ma personne, il semble que je devienne sympathique à la foule. J'attire les confidences.

— Figurez-vous ce que c'est (l'homme est un paysan), je travaillais dans un champ quand, soudain, mon intelligence, mon caractère, vlan! tout s'éleva. Je suis rentré à ma ferme et j'ai compris ce qui m'arrivait ; je n'avais plus que huit ans. Alors, naturellement, je n'ai pas reconnu ma femme, ni mes enfants, et je suis Premier Consul.

— Aujourd'hui, quel âge avez-vous?

— Huit ans et trois mois.

— Vous êtes grand, pourtant!

— Oui, je suis Premier Consul!

Il me quitte. Un autre le remplace.

— Je suis le marin. J'arrive avec mes 26.000 tonnes et je force les Dardanelles et le Bosphore, bien entendu! J'entre donc dans la boutique et j'achète le harem. Je balance tout ce qui n'est pas blondes. Je ne leur fais pas de mal, je les libère. Les blondes, je les embarque, et je vais fonder une dynastie dans l'île de Milo. Je deviens roi de *mille eaux*, *mille-eaux*, vous avez compris? Quant à ma sœur, je la pends par la chevelure, la tête en bas!

— Excusez si j'ai la morve au nez...

C'était le préfet des Côtes-du-Nord qui revenait. Je détalai.

— Et vous? Comment allez-vous, ce matin, demandai-je à un autre qui se promenait au milieu de cette foire sans déparer la masse.

— Monsieur, répondit-il, vous vous trompez; moi, je suis gardien.

AVEC CES DAMES

— Nous allons voir le quartier des femmes, me dit la mère supérieure, frêle religieuse qui tenait son trousseau de clés d'une main d'homme à poigne.

Suivons la sœur.

La porte s'ouvre. La cour est vide. C'est le côté tranquille. Le docteur nous rejoint. Dans une salle, des femmes, assises, travaillent comme des ouvrières. Elles ne parlent même pas. Celle qui manœuvre la machine à coudre nous coule des regards coquins. D'autres, les doigts sur leur bouche, rient à s'étouffer. Cela emplit l'ouvroir d'un bruit ne manquant pas d'analogie avec le roucoulement de tourterelles âgées. Le docteur, en passant près des malades, caresse leur joue du revers de la main.

Mais l'une d'elle rejette le drap qu'elle ourlait, vient sur moi et dit :

— Qui va deux va trois. Troyes en Champagne. A part cela, est-ce pour aujourd'hui ma sortie?

— Pour demain répond la sœur gardienne.

Enchantée, la « qui va deux va trois » retourne à son drap. Chaque jour, depuis trois ans, elle pose la même question; elle ne sait plus, le lendemain, qu'elle l'a posée la veille.

Le mot « sortie », a mis le feu à la baraque.

— Honte sur le docteur! Honte sur toute sa descendance! Honte sur son diplôme de la faculté! Il me garde prisonnière comme une *assassine*. Je veux sortir, vous m'entendez?...

Et, faisant une révérence ironique :

— Vous m'entendez, monsieur le sourd, c'est-à-dire monsieur le docteur?

C'est une petite femme qui ravaudait des bas quand nous sommes entrés.

— Et vous madame Vorin, comment allez-vous ce matin?

— Pareille à ma belle-mère elle-même, monsieur le docteur, qui se porte en fille de garce, comme vous savez.

— Et vous, madame Mémot?

— Moi, monsieur le docteur, cela va toujours bien. Depuis six ans que je suis là, vous pourriez me faire sortir.

— Mais il y a cette histoire de Légion d'honneur, madame Mémot.

— Quelle histoire? Parce que j'ai reçu la Légion d'honneur?

— Justement!

— Eh bien! oui, cela fit des jaloux; on me força à l'avaler; depuis, j'ai les intestins rouges, mais est-ce que je ne travaille pas comme il faut?

Mme Mémot est la meilleure ouvrière de l'atelier, elle n'a d'autres maladies que d'avoir les intestins rouges. Sans cette *idée* qui persiste, on la remettrait en liberté. Se croire les intestins rouges, est-ce un danger pour soi ou pour la société (loi de 38) ? A la réflexion, les meilleurs spécialistes répondent : pourquoi pas?

— Et moi? Monsieur le docteur!

C'était une pâle jeune fille, les larmes aux yeux.

Le docteur la caressa du revers de la main, aller et retour.

— Voilà un cas, dit le docteur. Mademoiselle Aline n'est pas malade.

— Non, Monsieur le docteur.

— Je le sais, mon enfant. Mlle Aline est des régions libérées. Elle a perdu, par la guerre, foyer et famille.

On la trouve, un jour, errante dans la rue...

— Voilà quinze mois, monsieur le docteur.

— La police la ramasse. On l'envoie ici. Ce n'était pas une psychopathe, j'aurais dû la relâcher, mais elle était sans ressource. Je l'ai gardée par pitié. Sa place n'est pas dans une maison d'aliénés, une œuvre de protection de la jeune fille aurait dû la recueillir. Cette œuvre n'existe pas dans le département. Si je signe sa sortie, elle va se retrouver sur le trottoir...

— Je travaillerai, monsieur le docteur.

— Elle sera la proie du premier flibustier venu.

Bref! un docteur charitable, un pays en enfance

au point de vue assistance sociale. Résultat : une jeune fille abandonnée vit depuis quinze mois chez les folles!

Mlle Aline n'est pas « très fine ». Si l'on se met à enfermer toutes les personnes qui ne sont pas « très fines »...

Une maigre brune vient me tirer par le bras :

— Bonjour, mon homme!

— Vous voilà, fait la mère supérieure. Comment vous appelez-vous déjà?

— Lison, ma sœur, et dans Lison, il y a cinq lettres et cinq lettres c'est pour vous et en tartine, ma sœur, en tartine!

Mlle Aline va retrouver ses compagnes. Mlle Aline doit avoir la tête solide pour tenir bon...

LA COUR DES AGITÉES

De l'autre côté de ce mur il monte des cris désordonnés. On se croirait à la porte d'une brasserie d'étudiants ivres. Ces femmes encore invisibles ont des voix mâles. C'est la cour des agitées.

Nous entrons. Un « motif principal » nous frappe de stupeur. Elles sont plus de quatre-vingts folles dans ce quartier, mais, d'abord, nous n'en voyons qu'une : celle-là! Le côté droit collé au mur, les bras bout à bout dans la camisole, chaussée de brodequins qui eussent encore paru spacieux pour les pieds réunis de tout un corps de garde, le crâne chauve, la bouche édentée sur toute la ligne, un sourire puissant figeant un visage carré, sa voix répète, saccadée, comme un torrent qui roule ses eaux :

— D'zim ba da boum des comp... compagnons de mes trois.

Cela dure depuis deux ans. La démente ne devient muette que sous le coup du sommeil, quatre heures sur vingt-quatre au maximum. Dès qu'elle ouvre l'œil :

— D'zim ba da boum...

Sa figure est satisfaite.

Nous regardons ce spectacle en silence, comme on regarderait un désastre, une grande inondation.

— Tiens! crie une autre qui vient d'accourir, tiens!

Elle se plante devant la mère supérieure, fait demi-tour et lui montre son derrière.

— La folie est une infortune qui s'ignore, dit la sainte femme en contemplant d'un regard de pardon le scandale qui se prolonge.

A côté des folles, les fous semblent raisonnables. Ces femmes sont infernales. Toutes ont l'air d'obéir à un ressort qu'elles auraient avalé. Elles se plient, se redressent, gambadent. Elles portent leurs bras en ailes de moulin. Il y a beaucoup de cantatrices. Les ballerines ne manquent pas non plus, et les mégères relient les deux... Par temps d'orage, l'intensité de cette diablerie est décuplée.

— Monsieur!

Une rousse qui a l'air d'avoir des serpents dans les cheveux, me saisit par le bras, impérative :

— Monsieur! J'ai été nommée mère principale des Filles de la Charité, chanoinesse de la cathédrale, général en chef du Vatican par Sa Sainteté le Souverain Pontife. J'arrive à la basilique. Je m'asseois au banc du chapitre. Le suisse veut me faire sortir. Je résiste. Un chanoine vient à mon aide; je dis : « Je suis chanoinesse! » Alors on m'enferme ici! Quand va-t-on me rendre mes droits? Qui êtes-vous? Abbé, évêque ou sacristain? A moins que vous ne soyez que son chien, Azor! C'est vous, Azor?

— Assez! dit la sœur surveillante.

— Respect à moi! fille de rien! Respect à mes galons donnés par Benoît XV!

— Assez! Assez!...

La sœur de garde a la figure angélique. Une malade la désigne du doigt et crie : « Enfin! Enfin! »

— Ah! fait la sœur. Vous allez pouvoir m'humilier à votre aise, voici ma Mère Supérieure, M. le docteur et un autre monsieur... Humiliez-moi...

La « malade » est une furie. Elle danse autour de la sœur.

— Trois hommes! Il lui en faut trois par jour. Elle les fait venir par le toit, et là-bas, dans ce coin, elle les dévore. Moi, je n'en ai pas un, même pas celui que m'a donné la loi. Trois chaque jour!

— Et les nuits? fait la sœur.

— ... Et quatre chaque nuit, voilà son compte. Humiliez-vous... Humiliez-vous...

— Maintenant que vous m'avez humiliée, soyez plus calme.

La furie décampe en se troussant.

Il y a la camisole. Il y a aussi la ceinture. Fixée

à la taille, la ceinture a deux anneaux qui maintiennent les poignets.

On met la ceinture aux déchireuses, aux vindicatives. On compte bien dix ceintures dans cette cour. L'une de ces agitées marche sans arrêt.

— Asseyez-vous, madame Raymond.

— Je ne veux pas m'asseoir à côté de ces dames. Elles ne sont pas malades. Pourquoi les garde-t-on ici? Elles vont me donner la bonne santé... Arrière!... Arrière!...

Une autre frappe la terre de son talon et s'écrie à chacun de ses coups :

— Tu m'entends, Lafont! Tu m'entends, Poizat!

Lafont et Poizat sont ses ennemis. Elle les écrase sous sa botte.

Toute blanche de cheveux, échevelée, voici une autre vision qui s'avance sur les genoux. Les bras au ciel, les yeux noyés, cette vieille femme à jolie tête pousse des cris qui terrifient. Elle nous atteint, elle me prend le poignet. C'est un étau qui me serre.. Puis elle retombe la face contre le sol et pleure comme sur une tombe toute fraîche. A dix pas, une Margoton chante à tue-tête et tourne, derviche emballé !

LA SALLE DE PITIÉ

Au fond est la salle de Pitié. C'était inattendu et incompréhensible. Juchées sur une estrade, onze chaises étaient accrochées au mur. Onze femmes ficelées sur ces onze chaises. Pour quel entrepreneur d'épouvante étaient-elles « en montre » ? Cela pleurait ! Cela hurlait ! Leur buste se balançait de droite à gauche, et, métronome en mouvement, semblait battre une mesure funèbre. On aurait dit de ces poupées mécaniques que les ventriloques amènent sur la scène des music-halls. Les cheveux ne tenaient plus. Les nez coulaient... La bave huilait les mentons. Des « étangs » se formaient sous les sièges. Dans quel musée préhistorique et animé étais-je tombé ? L'odeur, la vue, les cris vous mettaient du fiel aux lèvres.

Ce sont les grandes gâteuses qui ne savent plus se conduire.

Qu'on les laisse au lit !

On les attache parce que les asiles manquent de personnel.

Tout de même!

LE REPAS DES FURIES

— Onze heures. C'est le moment. Tenez-vous à votre costume? demande l'interne.

Je tenais à mon costume. On me passa une blouse.

J'allais déjeuner à « la cinquième » en compagnie de ces dames d'un asile du Midi.

« La cinquième » est le quartier des agités qui s'agitent.

On mettait justement le couvert : une assiette en fer qui fut blanc et une cuiller.

— Madame Ebert! si vous continuez de faire la toupie sur les tables je vous renvoie dans la cour. Ah!

Et la sœur qui venait de parler et, avec qui, même devant l'appât d'une bourse de cinq mille pesetas, je n'eusse accepté un combat de boxe en deux rounds, frappa, du bras de son crucifix portatif, deux coups bien sentis sur le coin de la table. Ah!

Madame Ebert cessa de faire la toupie.

On pouvait dire de cette cour qu'elle n'abritait pas une société philharmonique.

— Ces dames que nous entendons si distinctement sont celles qui tout à l'heure vont venir déjeuner, ma sœur ?

C'étaient elles. La sœur dit que ce ne serait pas joli à voir, mais elle ajouta que j'avais de la chance parce qu'aujourd'hui on servirait du macaroni :

— Et comme il faut vous attendre à recevoir trois ou quatre assiettes par la figure, cela vaudra mieux, pour vous, que si c'était du riz au gras, ça poisse moins.

En résumé, je tombais bien.

Et l'on ouvrit les portes du toril.

Un premier troupeau se rua. C'étaient les dames aux dents longues. En voulant passer trop vite et toutes à la fois, ces affamées obstruaient la porte. Des cris entremêlés et dont le registre parcourait au moins trois octaves, s'élevaient de cet amas. La salle s'emplit. Une petite vieille grimpa sur la longue table et courut dans les assiettes qui, en tombant sur le dallage, protestaient d'une voix de fer battu.

— Attendez! que je vous attrape, hurlait la sœur.

On ne pouvait plus parler que sur le timbre haut.

— *Combien sont-elles?*

— *Soixante.*

Elles ramassaient les assiettes et s'en servaient comme de cymbales, comme de coiffures. D'autres les prenaient pour des bains de pieds. Floc! une assiette vient de s'aplatir contre le mur.

— Et si l'on fixait les assiettes, ma sœur?

— Elles avaleraient le clou, monsieur.

Des surveillantes chassent devant elles cinq ou

six retardataires qui pénètrent ainsi dans la salle. C'est au complet.

— Voilà les baquets de macaroni. Il s'agit de les protéger si l'on ne tient pas essentiellement à voir l'une de ces dames sauter pieds joints dans la pâte fumante.

Une trentaine de furies se posent sur les bancs, mais leurs postérieurs ont touché un ressort, du moins on peut l'imaginer. Pour qu'elles ne remuent pas, l'idée vous vient de peser sur leurs épaules. Enfin! quand elles auront le macaroni dans la bouche, elles ne bougeront plus peut-être?

Un silence tombe, soudain. Une voix le trouble:

— De la viande le vendredi! jamais!

— C'est mercredi, madame Bichette et ce n'est pas de la viande.

— C'est de la chair humaine, sœur maudite.

Madame Bichette essaye de se défiler. La sœur l'assied de force sur le banc. Madame Bichette prend son macaroni à deux mains et le projette dans les cheveux d'une blonde, son vis-à-vis. Le vis-à-vis pousse des cris terrifiants. C'est le signal. Un jazz-band nouveau modèle entre en danse.

La foudre vient de frapper l'une de ces convives. Elle demeure soudain souriante et figée au milieu du chahut et sa cuiller est arrêtée à égale distance de son assiette et de sa bouche. Cette malade est atteinte de négativisme. La sœur lui pousse le bras. La cuiller parvient alors à la bouche.

La malade est remontée pour deux minutes.

Huit ont la camisole. Il faut les faire manger. L'une ouvre la bouche, mais referme brusquement les dents sur la cuiller. La sœur ne peut plus extraire la cuiller et part. Et l'autre reste là ricanant, semblant fumer un invraisemblable cigare.

Une autre « camisolée » est à genoux sur les dalles. C'est sa position favorite. Les yeux pleins de larmes, elle rit. Elle ouvre la bouche devant la cuiller, mais n'avale pas la nourriture. Elle constitue des réserves. On va savoir pourquoi. Elle gonfle ses joues et, triton imprévu, souffle dans la salle des morceaux de macaroni.

Il y en a qui s'amusent.

Cette vieille coupe cinq morceaux de macaroni, les aligne sur sa manche et, se tournant vers moi :

— Cinq brisques, mon général, saluez !

Cette petite jeune me tend du bout de ses doigts une partie de sa ration :

— Etes-vous chrétien? Communiez. Faites la Pâque.

J'essaye de ne pas faire la Pâque. J'ai tort.

Aussitôt, lancés d'une main fine, les macaronis me pendent au nez. Elle ajoute :

— Que me payez-vous pour la Saint-Martin?

Celle-ci crie :

— Antonia, Antonia, écoute ma vieille bique.

C'est la sœur qu'elle appelle!

On compte beaucoup de femmes à barbe parmi les folles, et dans ces barbes on compte beaucoup de macaroni!

Mais voici cette grande maigre qui hoquette. Elle s'étrangle. Avec quoi? Il y a donc des os dans le macaroni? Parfois. Une infirmière lui met les doigts dans la bouche. Quelle musique!

Depuis longtemps les cuillers ont valsé dans l'atmosphère. On mange à pleines mains et le chant qui d'une voix impérieuse, domine la foire, est à cet instant :

— Tuya, tuya de la croix de la mission. Tuya, tuya! crapule de mon frère!

Dans un coin de la salle, une autre cérémonie se célèbre. C'est assez joli également.

Aux dames qui refusent de manger on passe la sonde. La dame est assise sur une chaise. L'infirmière, derrière, tient dans le creux de son coude la tête de la récalcitrante. Par une narine on lui introduit un tube de caoutchouc. Cela ne fait pas éternuer ainsi qu'on pourrait le croire, il s'ensuit plutôt une suffocation. Comme si le poids de son dos emballait, la récalcitrante lève les jambes. Alors on relie le tube à un récipient qui attend avec un litre de bouillon, et par le bienveillant intermédiaire du canal nasal, on fait filer le bouillon, du ventre du récipient à celui de la dame.

— Dites à ce monsieur pourquoi vous ne voulez pas vous nourrir.

— On me faisait manger les tripes de ma belle-mère.

— Et vous?

— Parce que l'on m'empoisonne.

— Et vous?

— On me servait du « mort ».

— Et vous?

— Ma voix intérieure me le défend.

— Et vous?

— Je veux mourir.

— Et vous, madame Glandin?

— Crottes de bique, de bique de crottes!

Le repas est achevé.

Les dames s'écrasent aux portes que l'on va ouvrir. Les portes cèdent. Les dames se précipitent dans la cour.

Le macaroni leur a donné des forces. Le bal hallucinant reprend.

— J'ai trop crié. Je ne peux plus, dit la sœur. Ma voix a mis trente-sept ans à s'user. Elle était bonne.

— Pimbêche! Pimbêche!

C'est une vieille à tête de brochet et qui a couronné de feuilles mortes les derniers fils de ses cheveux blancs.

Au cri de : pimbêche! elle se précipite sur la

sœur et lui enfonce les ongles dans la chair de la main.

Les ongles sont entrés profondément. Cela saigne.

— Aujourd'hui je ne sais ce qu'elles ont, dit la sœur, elles sont toutes folles!

UNE NUIT

Le mystère humain qu'est la folie s'épaissit dans les bâtiments pendant la nuit.

L'étonnement qui, comme une auréole, ne cesse de nimber le spectateur de la vie des fous grandit alors, autour de lui, jusqu'à l'infini.

Les asiles deviennent des cloîtres diaboliques.

Il était onze heures du soir quand je m'amenai devant la grille de la maison départementale de cette ville du Sud.

Le portier dormait. C'était bien l'heure. Le directeur ronflait. Heureusement! Seule une intelligente personne comprenant les nécessités du journalisme contemporain avait les deux yeux grand ouverts.

« Le service de garde ne manque pas dans certains cas de présenter quelques lacunes regrettables », est-il écrit dans le dernier rapport officiel.

Evidemment!

Tout reposait dans la cage. Aucun pépiement. Nous nous promenions, pour l'heure, à travers les cours désertes. C'est à minuit que l'on perçoit les premiers échos du carnaval qui recommence. Mais il est des dortoirs où personne ne se réveille — où personne ne se réveille jamais, ni le jour ni la nuit. La salle de la Paille, par exemple.

Salle de la Paille? parce que la literie est remplacée par la paille. Les lits sont des cercueils sans couvercle. Quand l'occupant meurt, on n'aurait pas besoin de le déranger, si l'on voulait. On clouerait dessus la quatrième planche, il serait tout de suite chez lui. C'est le lot des « démences séniles ». Les familles se débarrassent volontiers de ces vieillards. Les familles riches aussi!

Le jour, les mouches légères chatouillent, en tas, l'épiderme de ces immobilisés, la nuit, les mouches étant couchées, il ne se passe plus rien. Un décès, parfois, en silence. On ne s'en aperçoit qu'au matin. Une odeur épouvantable monte constamment comme d'un fumier humain. *Requiescat in pace!*

Nous pénétrons dans le dortoir des tranquilles, côté des femmes. Nous avons à peine poussé la porte que deux fantômes, à l'oreille fine, sortant chacun d'un lit déjà occupé, se hâtent de regagner le leur.

Tout de suite une vieille nous fait signe de nous approcher d'elle.

Elle nous demande de coller notre oreille contre le mur, où déjà est collée la sienne. Tout bas, elle nous dit :

— Le garde champêtre qui est caché dans le mur!

— Que vous raconte-t-il, madame Emelin?

— Il me parle. Ecoutez.

Mme Emelin remue distinctement les lèvres, répétant mot à mot, mais uniquement pour elle seule, ce que *lui dit* le garde champêtre.

C'est une hallucinée.

Passons à une autre.

— Que faites-vous assise sur votre lit, madame Garçon?

— J'écoute mon mari qui me dit : « Va te noyer, vilaine! A l'eau! A la rivière! »

— Dormez!

— Oui, monsieur.

Avançons.

— Demandez à Mme Coste avec qui elle couche, nous dit cette dame.

Mme Coste a entendu. Elle plonge la main sous son traversin, elle en retire deux moineaux.

— Celui-ci est Charles, dit Petite Gueule, l'autre est Victor, comme Hugo, c'est le chanteur.

Les oiseaux la regardent avec amitié et volent se poser sur le cou de la folle. Ces oiseaux ne jugent pas Mme Coste dangereuse pour la société!

Beaucoup de ces dames dorment et celles qui veillent ne font pas de bruit.

Discrètement, celle-là demande :

— Que comptez-vous faire de moi? Me couper le cou, me pendre ou me sauver?

— Vous sauver.

— Alors où est l'échelle de soie?

Nous sortons. L'occupante du lit du fond porte la main à sa tempe droite :

— La fille de Lamoricière vous fait le salut militaire, dit-elle. A vos ordres !

Minuit passé. Nous changeons de quartier. Nous voici maintenant dans la cour de la « cinquième ».

Quel chahut déjà, aux dortoirs ! Des protestations, des cris, des disputes et, une exclamation, venant de la sœur de garde sans doute : « Filles du diable ! Ah ! Filles du diable ! »

Il est des écuries qui possèdent l'électricité, les trois quarts de ces maisons en sont à la chandelle. Les asiles avancés ont déjà découvert la lampe à pétrole. Un jour que je me mêlais de ce qui ne me regarde pas, j'ai signalé à un directeur l'existence du verre de lampe qui empêche la mèche de fumer ! « — Cela doit être bien commode, dit-il, je vais ordonner des recherches. » Comme veilleuse, des boîtes de sardines, fixées au mur ! Ailleurs, le gaz. Les robinets sont à la portée du malade, pour qu'il puisse jouer si le cœur lui en dit !

Ici c'était au pétrole et à la boîte de sardines. Le spectacle de cette salle dans la pénombre dépassait, sur le coup d'une heure du matin, les frontières de la vraisemblance. En des chemises d'une laideur administrative, cinquante furies à qui l'on devrait couper les cheveux à la mode, ce qui éviterait la valse serpentine des mèches crasseuses, se livraient aux cris, à la course, aux cent pas, à la lutte, à l'extase et aux poses plastiques.

— Filles du diable, criait la sœur, couchez-vous !

Et les folles répondaient à la sainte femme :

— Va te coucher avec ton Bon Dieu, tu le fais attendre.

— Au plume ! fille du ciel ! oust !

Celle-ci, à quatre pattes, regardait sous son lit. Elle hurlait, *voyant* le voleur :

— Attrapez-le !

Dressée sur son matelas, une main sur la hanche, l'autre posée de façon imaginaire sur une canne qui l'aurait soutenue, cette forte fille clamait avec la voix de Danton :

— Si j'ai perdu ma raison je continuerai jusqu'à ce que je perde ma folie. Bois de lit !

C'est une ancienne sage-femme. Ses derniers accouchements furent des catastrophes...

Cette autre fait des pointes. Elle semble s'apprêter à tournoyer, mais elle ne tournoie pas. Elle m'a repéré :

— Tiens ! un nouveau docteur ! C'est saint Antoine qui nous l'envoie. Vive Antoine et ses petits.

— Allez vous coucher !

— J'attends mon mari.

Tout haut, celle-ci calcule :

— 33 multiplié par 1 million six cents donne 240, plus neuf. Un, dix, cent, mille milliards !

Quand elle ne calcule pas elle a mal à l'estomac !

Contre son lit, à terre, une vieille est étendue. Depuis seize ans, elle refuse d'entrer sous des draps. C'est que l'évêque de son diocèse l'y attend.

Elle ne dormait pas :

— Et avec sa robe violette encore, et tous ses boutons !...

Une unijambiste s'en va, sautillant. C'est une épileptique. La nuit dernière elle faillit s'étouffer avec son oreiller. Le coup est classique. Il en meurt plusieurs par mois, de la sorte.

Une claque retentit. Mme Marie, sans raison, vient d'assommer la calculatrice.

— Je vous mettrai la camisole, dit la sœur.

Mme Marie, en manière de moquerie, imite, sa victime : 33, 240, dix, mille, milliard! brrr! brrr!

Plusieurs sont camisolées et attachées sur le lit. Si elles avaient la force surhumaine de se remettre sur pieds, elles marcheraient le lit fixé au dos. Elles écument.

L'horreur est au milieu de la salle : c'est un baquet et sans chasse d'eau encore! Le baquet ne chôme pas, cinq ou six folles sont autour et s'y disputent une urgente priorité. Dans une dernière bagarre, le baquet est renversé. Pieds nus, elles continuent de mener là-dedans leur farandole.

C'est le cancan du tout-à-l'égout.

Deux heures du matin : une cour. Nos pas résonnent sur les dalles. Soudain, sortant comme du mur, une voix :

— Monsieur le *doqueteur!* Monsieur le *doqueteur!*

— C'est la voix de la petite d'avant-hier, dis-je?

Voici le fait :

La petite d'avant-hier a quinze ans. Elle aimait le bal, le soleil, les mots tendres. C'était inadmissible. Quand ses parents sortaient, ils l'enfermaient. L'enfant passait par la fenêtre. Les parents trouvèrent plus commode de charger autrui de la surveillance. Ils l'amenèrent dans cette maison de fous. On la garda.

Cette jeune fille n'est pas folle, m'expliquait le docteur, l'autre matin. Elle a besoin d'être tenue de près, c'est tout. Pourquoi est-elle là ? Enfin ! elle sortira bientôt.

— Je m'évaderai, monsieur le *doqueteur*, je vous le dis. Je ne peux pas vivre avec toutes ces folles.

Elle s'évada hier. On la rattrapa dans les terrains maraîchers de l'asile. On la mit en cellule.

Ce matin je l'avais vue derrière ses barreaux de fer. Elle me montra sa caisse-cercueil garnie de paille.

— Je ne pourrai jamais coucher là ce soir, j'aurais trop peur, faites-moi sortir. Mon père ne peut avoir voulu cela. J'ai toujours eu des draps, suis-je une criminelle?

C'est elle, qui d'une voix apeurée, entendant nos pas dans la nuit, appelait :

— Monsieur le *doqueteur!* Monsieur le *doqueteur!*

On se dirigea vers la cellule. Un volet plein avait été appliqué devant les grilles.

— Mon père n'a pas voulu cela. J'ai trop peur. Allez chercher mon père, suppliait l'enfant.

On se regarda.

Mais nous n'avions pas les clés des cachots...

LES PERSÉCUTÉS

Ce qu'il y a de poignant, c'est le fou persécuté. Sa folie ne lui laisse pas de répit. Elle le tenaille, le poursuit, le torture. La nuit *on* le guette, *on* l'espionne, *on* l'insulte. « On » ou « ils » sont ses ennemis ! Ils sont dans le plafond, dans le mur, dans le plancher.

— Dans le réduit à charbon vous *le* voyez tout noir, qui m'envoie des ondes ?

On ne cesse de s'occuper de lui, *on* le frappe, *on* le pince, *on* le martyrise par l'électricité, le fer, le feu, la nappe d'eau, les gaz.

Il se bouche les yeux, les oreilles, le nez; en vain! Il voit toujours ses persécuteurs. Il entend qu'on le menace, il sent une odeur de roussi.

Il vit dans les transes, il dort dans le cauchemar.

— Quoi? Qu'est-ce qu'il y a? Arrière! Les voilà! Les voilà!

Au début, il n'accuse personne nominalement. Puis le fantôme prend une forme. C'est un individu qui lui est inconnu, ou c'est une secte, une société secrète, une association, un consortium; ce sont les jésuites, les francs-maçons, l'Armée du Salut, une compagnie d'assurances. Ce sont les physiciens. C'est Edison, c'est Marconi, c'est Branly.

Jadis, c'était le diable. Le diable est détrôné. Il n'opère que pour les paysans arriérés. Les inventions modernes l'ont rejeté dans son enfer, le persécuteur d'aujourd'hui est le cinématographe, le phonographe, la sans-fil, l'avion, la radiographie, le haut-parleur.

— L'avion passait au-dessus de ma fenêtre (c'est une jeune femme qui m'explique son affaire) et il me disait : « Viens sur le balcon, je vais t'emporter par les cheveux. » Je fermais ma fenêtre, je mettais les volets, il revenait toujours. « Tes cheveux sont-ils solides, disait-il, prépare-les bien. » Je me suis fait couper les cheveux. J'ai pensé qu'il ne reviendrait plus. Il revint. C'était entre midi et une heure. Alors, héroïquement, j'ai rasé ma tête. Il est revenu quand même. Ecoutez-le, il rôde... rrron...rrron-rrron, il sera là, dans une heure. Pourquoi permet-on ces *violences* dans le ciel ? Il n'y a plus de police possible. Les assassins marchent maintenant sur la tête de la gendarmerie. C'est la fin des honnêtes personnes bien tranquilles sur leur balcon...

Elle pose ses deux mains sur son crâne rasé, disant :

— Ecoutez, il vient !

Le remords les travaille. Ils s'accusent de crimes. Ce sont eux qui sont cause des catastrophes.

Un homme se frappait la poitrine à grands coups de poing. Il ne se ménageait pas. Son thorax rendait un son cave.

— C'est moi ! C'est moi ! C'est moi ! répétait-il.

C'est lui qui était responsable de l'évacuation de la Ruhr !

Leur douleur ne se traduit pas toujours par une excitation, leur folie est circulaire, c'est alors la période de dépression. A ces moments, leur souffrance est muette. Ils en sont comme inondés. Accablés sur un banc, les yeux exténués et perdus dans le lointain, leur *faute* les ronge.

— Allons, madame Garin, marchez un peu, promenez-vous, chassez vos vilaines pensées.

— Se peut-il, monsieur, quand c'est moi qui ai déclaré la guerre! J'ai fait tuer des millions d'hommes. Il n'y a pas plus affreuse criminelle que moi, ma place n'est pas ici, non, pas ici.

— Et où est votre place, madame Garin?

— Aux galères.

— Vous ne pouvez pas avoir déclaré la guerre toute seule, voyons!

— C'est moi. J'ai donné voilà dix-neuf ans, sur un bateau, un calendrier à un officier autrichien, au quatrième officier exactement.

— Et qu'est-ce qu'il y avait sur ce calendrier?

— Des vues de Paris.

— Lesquelles?

— La tour Eiffel, le pont Alexandre, le Grand Palais, tous les points de repère.

— Ce n'est pas ce qui fit déclarer la guerre.

— Si, c'est cela. Je suis un horrible monstre. Ma place n'est plus ici, où je suis trop bien. J'ai mérité le martyre. De plus, je n'ai pas été une honnête femme.

— Mais si, madame Garin, nous savons qui vous êtes. Votre conduite fut toujours très honorable.

— Je ne fus qu'une vilaine grue, voilà ma conduite.

Et des sanglots étouffent Mme Garin.

Et cet homme qui exige que je l'écoute. Je m'éloigne. Il me suit :

— Pourquoi l' « on » m'en veut? crie-t-il, mais c'est moi qui ai fait le tour du monde sur le *Nautilus.* Le Juif Errant, c'est moi! Et qui a traversé la Hollande? C'est moi. Et la Russie en tank anglais? C'est moi, mais je n'ai jamais fait l'espion. Victor Hugo est un imbécile, ce n'est pas lui qui écrivit ses œuvres, c'est moi. Il n'y en avait qu'un qui connaissait la botte de Nevers, c'est moi. Je suis le Hussard de la Mort. Qui a conquis Madagascar? Ce n'est pas Gallieni, c'est moi. Et le Maroc? Ce n'est pas Lyautey, c'est moi! Et le Tonkin? Ce n'est pas Jules Ferry, c'est moi, moi Bibi du grand Univers!

Les persécutés ont une consolation. Pour qu' « on » les persécute il faut qu'ils soient quelqu'un. De là les idées de grandeur. Ainsi, voit-on dans les cours, des pouilleux marcher en grands seigneurs. Les « rois de France » naissent de cette folie. Ne mettez pas deux « rois de France » face à face. L'un dit :

— Le roi de France, c'est moi!

L'autre grince des dents et dit :

— C'est moi.

Le pugilat est certain.

Et cette jeune femme au masque grimaçant qui me demande :

— Etes-vous le général inspecteur des cinémas?

— ...

— Eh bien! mon général, je suis la reine des cinémas. Il me semblait bien vous reconnaître, car je possède la radiographie! Et je vous ai vu à travers les murs. Or, tous ces ennemis qui *m'accramponnent*, c'est la faute du cinéma et du nitrate d'argent, qui font tous deux contact avec l'électricité. Cependant l'essentiel est de se tenir l'estomac propre, et pour cela j'emploie le spiritisme. Mais, monsieur le général, vous ne voyez pas les deux pirates qui en ce moment me serrent le cou, parce que je suis la reine de l'écran? *Le Crâne d'or*, et le *Tombeau de l'Hindou*, c'est moi qui ai tourné ces chefs-d'œuvre.

Elle m'entraîne dans un coin et me dit à voix basse :

— Aussi cette nuit, on m'a fait le cercle de feu. J'ai flambé toute ! J'ai souffert, ça sera un joli film !

Sa confidence terminée, elle reprend tout haut :

— Heureusement que j'ai les rayons X pour moi ! Seulement, cet appareil tourneur cinématographique que j'ai dans le corps, il faut qu'on me le sorte. Pourquoi suis-je entre quatre verres ? Pourquoi ai-je la radiographie par-dessus, par-dessous et sur les côtés ? C'est que j'ai tellement gagné d'argent au cinéma, qu'on veut me tuer pour avoir mon coffre. Au secours, les haut-parleurs ! Au secours !

La plus tragique est encore cette dame blanche, mince et douloureuse.

Son visage exprime la douleur. Elle souffre terriblement ! C'est l'électricité qui la *diminue*.

— De cinq centimètres par jour, me dit-elle.

Et comme si son ennemi venait de lui apparaître, elle s'écrie :

— Arrière les fluides!

Elle s'approche de moi et murmure :

— Ils sont venus s'installer chez moi le 26 juillet.

— Qui donc, Madame?

— Les fluides électriques. Alors, je suis sortie pour acheter un bifteck, car j'étais seule, mon mari était à la gare; et l'électricité me cria :

— Coupe-toi le poignet, coupe-toi le poignet! J'ai pris un petit couteau, j'ai coupé.

— Laisse saigner! Laisse saigner! criait l'électricité.

Après, un aigle avec son gros bec me renversa sous le tramway. Cet aigle faisait du spiritisme et de l'avion. Alors mon mari me dit :

— Il paraît que c'est pour mettre ton nom sur le journal.

Oh! j'ai bisqué, j'ai bisqué. Alors, l'électricité et la *radioguœraphie* ont transformé mon mari en diable. Il avait de petites cornes sur la tête grandes comme ça. (Elle montre son petit doigt) et par derrière une très jolie petite queue bien frisée. Moi j'avais mal au cœur, car il sentait la chair brûlée.

Le délire, soudain, devint plus incohérent :

— Alors, on me criait :

Catin de Ninon! Catin de Ninon!

C'est l'époque où les Monticelli ont vendu les boutons électriques à un comte russe. Ils les ont vendus 17 si, 17 so, 17 cent, 1.700 francs! C'est ce qui fait que le pauvre Charles a échoué comme empereur d'Autriche, et que la chère Zita son épouse fait du cinéma. Et c'est ce qu'on appelle une sortie à l'anglaise! Mais que je souffre! Arrière! les fluides! Ça y est! Je suis encore raccourcie de cinq centimètres!

Et celle-ci, qui renverse tables, bancs et se sauve, affolée, traquée, parce que le haut-parleur la poursuit avec un couteau et un revolver!

Et ce prince russe, qui, grelottant de peur, est caché sur le toit de son armoire, parce qu'il entend les pas de Djerjensky, roi de la Tchéka?

Quand la fièvre nous tient, nous, gens de raison, nous avons des rêves horrifiants. Des bandits nous pourchassent, nous fuyons; mais, soudain, nous sommes comme paralysés. Le bandit va nous atteindre. Nous sentons déjà le froid du couteau. Enfin, nous pouvons repartir. Péniblement, nous grimpons sur un toit. L'angoisse nous étreint. Les bandits nous ont découvert! Ils accourent! Ils vont nous jeter du sixième étage sur le sol... mais, en sursaut, mouillés de sueur, nous nous réveillons. Le cauchemar est fini.

Pour les pauvres persécutés le cauchemar continue toujours...

CES MESSIEURS DU DOCTEUR DIDE

Le docteur Dide est un aliéniste, qui tient du merveilleux.

Il tient aussi de Jésus-Christ, il fait des miracles. C'est dans la Haute-Garonne qu'il opère, à 6.000 mètres de Toulouse.

Afin de prouver que parfois des choses tombent bien, son asile est situé en un lieu nommé Braqueville.

La maison de Braqueville est une maison comme il n'en est pas une autre sur le territoire de la France républicaine.

Si je suis dénoncé comme fou, je demande que l'on m'interne chez le docteur Maurice Dide.

Ce savant professe que la folie est un état qui en vaut un autre et que les maisons de fous étant autorisées par des lois dûment votées et enregistrées, les fous doivent pouvoir, dans ces maisons, vivre tranquillement leur vie de fou.

Et ce savant a raison. C'est assez que l'on ne puisse pas les guérir.

Il est puéril de reconnaître, de manière officielle, qu'un individu possède telles aptitudes réclamant son transfert dans un milieu spécial, si, cette reconnaissance établie, on défend aussitôt à ce citoyen l'exercice innocent de ces dites aptitudes.

On ne punit pas un homme parce que cet homme ayant attrapé une bronchite, ajoute à sa maladie la malice de vous tousser au nez. De même, si quelqu'un tâtonne sous le prétexte qu'il est aveugle, cela ne doit pas lui mériter, à première vue, un coup de poing bien placé entre les deux yeux.

Dans la maison du docteur Dide la folie n'est pas considérée comme un crime.

On ne se dresse pas devant le pensionnaire pour lui dire : « Misérable! Qu'as-tu fait? Tu viens de perdre la raison! »

On lui dit : « Bonjour, monsieur, vous voici chez vous. »

Les châtiments sont interdits.

Existent-ils en d'autres lieux? Je vous crois! Si je suis certain de ce que j'avance? Tout à fait! Laissons les « réflexes ». Un fou vous enfonce les ongles dans la chair, vous le repoussez sans douceur. Cela va! Un grand mystique inoffensif tombe à genoux contre son lit, et, dans l'attitude des plus célèbres saints du calendrier, les bras en croix, ouvre son âme au Seigneur, cela est son droit de fou, qu'en entrant à l'asile il a honnêtement acquis.

La folie est justement de le forcer à se relever sous la botte. Priver cet autre de nourriture, parce qu'il ne fait que hurler, est une économie qui ne devrait pas se pratiquer. Déshabiller ce monsieur qui s'est *évadé*, et l'enfermer nu dans un cachot froid, c'est vouloir placer une bonne petite congestion pulmonaire que l'on tient en réserve.

Il est possible, puisque la main-d'œuvre manque, que des malades, payant la rançon de la loi de huit heures, doivent être attachés. S'ils doivent l'être, pourquoi, lorsqu'un inspecteur se présente, alors que l'on prie l'inspecteur de souffler un instant dans le fauteuil directorial, fait-on courir une infirmière dans les salles au cri de : « Détachez les malades, détachez les malades ! »

— Nous ne sommes plus à Venise, déclarait un docteur, récemment, à propos d'histoires.

Je n'avais pas dit que nous fussions à Venise, docteur, je n'avais parlé que des bords de la Seine...

Dans la maison du docteur Dide, la folie est sacrée. C'est un talent que l'on respecte, une chute d'eau que l'on ne cherche pas à canaliser pour faire de la houille blanche. Les neiges ont fondu, qu'elles s'écoulent suivant les fantaisies de la nature. Ce fou a pour habitude, chaque matin, de rédiger une affiche et de la coller à la porte 3 du couloir de la deuxième. Pourquoi la lacérer?

— Alors, que vends-tu aujourd'hui, mon ami? Du veau à six cent mille francs le kilogramme? N'est-ce pas un peu cher?

— C'est le prix, patron. A prendre ou à laisser.

Dide va aux fous, et n'attend pas que les fous aillent à lui. Celui-ci a la manie d'être joyeux. Dide éclaire sa figure d'un franc sourire, trempe sa voix dans un bain de gaîté :

— Allô! Dario! fait-il, bourrant amicalement l'épaule de l'homme heureux, tout est encore très beau, ce matin, n'est-ce pas, mon ami?

— Tout roule sur des roulettes idéales, patron.

— Si ça roule? Mais à merveille, vieux frère!

— Vieux frère! va! dit le malade, qui éclate de contentement.

Le jardinier bêchait en conscience. Soudain, il plante sa bêche en terre et le voilà contre le mur. Il le tâte de mouvements mécaniques. On dirait qu'il y trace des figures de géométrie.

Il serait d'une religion lui ordonnant ces gestes,

tout le monde trouverait cela édifiant : lamas, boudhistes, musulmans, catholiques et, à Jérusalem, les juifs devant le mur des lamentations, en font bien davantage à l'heure de la prière!

— Regardez, c'est beau, c'est grand dans son mystère, disait le savant.

Cinq minutes après, comme exorcisé, le jardinier reprenait tranquillement sa bêche.

Voici les ateliers. Parmi scies mécaniques, rabots, instruments tranchants, onze ouvriers s'évertuent : dix fous — dix délirants — et un chef normal.

— Cherchez l'homme normal, demande le docteur.

Je ne l'ai pas trouvé.

Ces temps derniers, l'électricien est tombé malade. Un fou l'a remplacé pendant deux semaines. Il aurait pu tout faire sauter. Il n'a même rien abîmé.

Mais levez les yeux, lecteurs, je vous en prie, levez les yeux avec moi. Sur le toit d'une bâtisse à trois étages, travaille un couvreur. Ce couvreur ne vient pas de Toulouse, il est de Braqueville. C'est un fou.

— Un fou? demandai-je éberlué.

— Evidemment, fit Dide, pris de pitié pour mon étonnement.

Dans la maison du docteur Dide, je n'entendais pas un cri.

— Vous n'avez donc pas de « cinquième »?

— Vous venez d'y passer deux heures.

La « cinquième » est le quartier des agités. Dans cette cour, c'est généralement la bamboula des grands jours de fête. On n'en ressort jamais que le tympan en folie.

— De la blague! dis-je, ce n'était pas là votre cinquième.

C'était sa cinquième.

— Dans les autres asiles, pourquoi hurlent-ils, alors?

— Je ne sais.

— Enfin, que leur faites-vous?

— Je leur fiche la paix.

Un franc compère vient nous serrer la main, il se plante devant nous et chante :

J'voyais, tell'ment j'étais pompette,
Les becs de gaz qui tournoyaient.

— Voilà le chanteur, donnez-lui deux sous. Il chantait devant les cafés, c'était son métier à cet homme.

Qui tournoyaient, qui chahutaient.

— Bravo! Dupré! Voilà tes deux sous; continue, mon ami, c'est ta vie, ne la change pas.

Tout en allant, j'aperçus une tombe.

— Qui est-ce? demandai-je.

Alors Maurice Dide, d'un ton absent, répondit :

— C'est mon prédécesseur.

En effet, le docteur Marchand, directeur de Braqueville, fut tué à cet endroit par l'un de ses clients...

Les malades guérissent-ils moins rapidement qu'ailleurs dans la maison du docteur Dide?

Ils retrouvent plus vite la lumière.

Ce n'est pas en exaspérant ces malheureux qu'on les ramène à la raison.

Pour soigner les fous, il faut d'abord prendre la peine de comprendre leur folie.

Il faut aussi profiter de leurs jours de lucidité pour les réadapter à la vie ordinaire.

Traiter continuellement comme un fou l'homme qui ne perd que de temps à autre le contrôle de son jugement, c'est l'enfoncer dans son infortune.

Nous marchions dans l'allée principale de l'établissement. A vingt pas de nous, un pensionnaire s'arrêta. Il prit l'attitude qui immortalise Gambetta dans le jardin du Louvre puis entama une éloquente harangue.

Dide me dit :

— Cet homme est en proie à *son* orage. L'orage ne durera pas, mais il faut qu'il passe. Si je voyais un infirmier brutaliser ce malade sous prétexte de le faire taire, c'est l'infirmier que je mettrais au cabanon.

En effet, l'orage passa. L'*orateur* s'approcha de Dide.

— Bonjour, monsieur le directeur, vous venez encore de me surprendre en effervescence.

— Nous avons tous la nôtre, mon ami.

— Mais c'est fini. Je sens que je guéris. Monsieur le directeur, vous êtes un grand savant.

Et je partis déjeuner chez le docteur Dide.

Il y avait un autre convive à table.

A la fin du repas, cet invité passa au piano.

— N'est-ce pas que mon médecin adjoint est un grand artiste, me dit Maurice Dide.

— En effet.

— Eh bien! ce n'est pas mon médecin adjoint, c'est l'un de mes fous...

L'ARMOIRE AUX CERVEAUX

Une après-midi, le docteur Dide me dit :

— Venez voir mon laboratoire.

Les travaux de ce savant sont célèbres par le monde.

Au moyen d'une machine perfectionnée, il coupe les cerveaux en tranches minces comme l'on fait du jambon de Parme dans les boutiques italiennes d'alimentation. Il examine ensuite la chose au microscope. De là sortira peut-être la clé de la maladie mystérieuse. Du moins espérons-le.

Je me promenais donc, respectueusement, dans

ce temple de l'avenir, quand, soudain, je tombai en arrêt devant un réduit imprévu.

Cent vingt pots de chambre, chacun dans un joli petit casier, ornaient seuls les murs de ce lieu. Aux anses pendaient des étiquettes portant noms d'hommes et de femmes et, en dessous : D. P. (démence précoce). Délire progressif. Confusion mentale, psychoses symptomatiques, lésions circonscrites; P. G. marche rapide. Epilepsie. Idiotie.

Ces pots de chambre aussi correctement présentés avaient dans leur air quelque chose de fascinateur.

— C'est mon armoire à cerveaux, fit Dide.

Il tira un pot par l'anse : un cerveau nageait dans un liquide serein. Regardant l'étiquette, le savant me dit :

— C'est Mme Boivin.

— Enchanté!

Je demeurais en extase devant l'armoire.

— Parfait! fis-je, vous avez là de beaux cerveaux, mais pourquoi dans des pots de chambre?

Le maître me regarda bien en face et me répondit :

— Parce que le pot de chambre, Monsieur, est la forme idéale du cerveau!

ON S'EST MOQUÉ DE PINEL

L'agité peut être calmé ou réduit.

On ne lui demande pas ce qu'il préfère. Si l'on n'a pas le temps de le calmer, on le réduit. Quand on le juge assez réduit, parfois on le calme. On l'écume comme le pot-au-feu.

Il est des cas, côté des hommes, où la réduction s'opère à la semelle de brodequins. Ce traitement n'est pas ordonné par les médecins. Il a lieu surtout la nuit.

L'agité crie, se démène, il ennuie le surveillant. L'homme a déjà la camisole, on lui donne quelques bons coups avec le passe-partout, histoire de l'avertir. Le manche à balai sert aussi. Mais la méthode préférée est le brodequin. Monté sur le lit, le surveillant frappe dans les côtes. Le lendemain, le patient en porte les meurtrissures. Ces agités donnent contre tous les murs !

C'est la méthode clandestine.

Officiellement, elle n'existe pas.

Les médecins réduisent par la camisole, le ficelage sur le lit, le cabanon et le drap mouillé.

Le drap mouillé est une conquête de la psychiatrie. La méthode nous vient de l'Egypte des Pharaons. Seulement pour l'employer les Egyptiens attendaient que les clients fussent morts. Et ils coupaient le drap en petits morceaux appelés bandelettes. Nous, nous employons le drap dans toute sa largeur, en serrant bien, à chaque tour, à l'aide du genou... Il arrive ainsi que l'on atteint le résultat : le malade ne crie plus ; il expire.

Les docteurs calment par la balnéothérapie.

La douche n'est plus à la mode.

Sur les vingt mille insensés que j'ai eu l'honneur de fréquenter, cent à peine ont évoqué la séance du jet d'eau. C'était dans des départements où la lumière scientifique n'avait point encore pénétré!

Aujourd'hui, c'est le bain.

Dans les maisons pour riches, les bains sont de dix-huit, vingt-quatre, trente-six heures; encore ne sommes-nous pas en avance : en Allemagne, c'est deux jours, trois jours.

Pour ménager les côtes de la personne que l'on veut ainsi laver, on suspend un hamac dans la baignoire. L'eau et deux gardes se renouvellent par des systèmes pleins de perfection.

Cette hydrothérapie est plus modérée dans les asiles.

Un pauvre ne doit pas se laver aussi longtemps qu'un riche, ce serait indécent; aussi, dans ce cas, les bains ne durent-ils que de quatre à huit heures, et il n'y en a pas pour tout le monde.

Un jour, mes pas innocents me conduisirent dans une salle. Je vis des têtes qui semblaient être des choux-fleurs dans un jardin potager. Cette vision anéantit sur-le-champ toutes mes capacités, sauf une : celle de compter. Je comptai : une, deux, quatre, six... quatorze têtes. M. Deibler n'avait pourtant point pris son café au lait dans cette ville, ce matin! D'abord, ces têtes n'étaient pas coupées, elles grimaçaient et leurs bouches criaient. Curieux tableaux à l'ombre des grands murs départementaux! Je me campai. Etayé de ma canne, j'ouvris résolument les yeux. Pas d'erreur! C'étaient des têtes. Des têtes qui sortaient d'une cangue. A Changhaï si vous êtes bien avec le chef de police de la concession française, vous pouvez avoir la primeur d'une de ces représentations. Pourquoi aller si loin? Ce n'était point du même ordre, cependant. C'est d'une baignoire qu'émergeaient ces têtes, non d'une cangue. Etonnantes baignoires! Elles étaient entièrement recouvertes d'une planche de bois qui, par bonheur, portait une échancrure juste au moment où elle atteignait le cou.

Bien trouvé! Les baigneurs ne s'évaderont pas de la baignoire.

Des têtes étaient calmes; mais celle-ci nous injuriait. Et cette autre, d'un geste du menton, réclamait qu'on lui grattât le nez.

Un trou pour la tête c'est bien! Un autre pour les mains, s'il vous plaît, au moins pour une seule!

La baignoire coûte cher, le personnel est rare, alors apparaissent instruments de contrainte, cellules et cabanons.

Ficelez sur un lit un agité et regardez sa figure : il enrage, il injurie. Les infirmiers y gagnent en tranquillité, le malade en exaspération. Si les asiles sont pour la paix des gardiens et non pour le traitement des fous, tirons le chapeau, le but est atteint.

Pinel, voilà cent ans, enleva les fers aux aliénés. Cela fait un beau tableau à la Faculté de médecine de Paris. Eh bien! on s'est moqué de Pinel.

Camisoles, bracelets, liens, bretelles remplacent les fers.

Voyez cette jeune femme camisolée et liée sur son matelas depuis *cinq jours*. Camisole et liens ne l'ont pas calmée. Elle grince des dents, mais c'est moins de folie que de rage. On comprend qu'elle dévorerait joyeusement ses bourreaux. Ses bourreaux, eux, pendant ce temps, jouent aux cartes. Alors, et le bain, cette dernière conquête du progrès, qu'attend-on? Que l'infirmière ait le temps et qu'une baignoire soit libre!

Puis il y a les cellules. C'est là où les lits sont des cercueils sans le couvercle. Ce logis n'attriste pas tous les locataires.

— Je suis heureuse, dit, derrière sa grille, cette créature échevelée, paradoxale et assise dans sa boîte, heureuse comme Ponce-Pilate!

Mais elle ne se lave pas les mains!

Sa voisine est accrochée aux barreaux. C'est une déchireuse, elle mettait en pièces draps, chemises, vêtements.

Elle n'a plus que de la paille et des barres de fer, elle peut y aller maintenant.

— Pirates! Bandits! Chenapans! Trousseurs! (détrousseurs). *Courrier de Lyon!* Vampire de sang! Juiverie! *Bolguevikѕ!* Rron! psitt! est-ce que vous croyez que j'ai chaud la nuit, dans votre écurie comme le Jésus?

Les cellules ne sont pas chauffées.

Dans le quartier des hommes, l'existence des dangereux prend un caractère faunique.

Ces créatures sont retournées à la bête. On dirait des animaux verticaux. L'un fait le lion. Il se promène dans la cour en rugissant. On épaulerait son fusil, en l'entendant, si l'on se trouvait dans les montagnes d'Abyssinie. Nous voulons l'approcher, il nous envoie un rugissement en pleine figure. J'en sens encore le vent et le frisson.

Deux autres se tiennent par la main, un grand qui est habillé, un petit qui est tout nu. Le petit est goîtreux du ventre. Sa tête arrive au coude du grand. C'est Bastos et Cul-Bas. Ils se sont connus ici, ils ne se parlent jamais; une affection fraternelle les unit. Ils ne diront rien parce que l'on ne cherche pas à les séparer, autrement, s'arc-boutant au mur ils attendraient l'attaque, griffes dehors. Dans ce cas, le petit nu est à quatre pattes et mord l'agresseur à la cheville, comme le tigre fait au buffle.

Et ce dément dramatique au front immense, à la pupille agrandie et qui fixe de deux yeux lumineux un point de l'horizon, que regarde-t-il ? On finit par chercher le point qu'il fixe... il n'y a pas de point !

Et cet autre, les deux bras collés aux côtés tel un coureur qui va s'élancer... Il a dû se retourner en fuyant Sodome. Il est changé en statue de sel. C'est ce que l'on appelle une attitude soudée.

Les cabanons sont autour, comme une bibliothèque dans un bureau bien meublé.

— Ouvrez ! dit le docteur.

Nous nous tenons à un mètre par précaution.

Un sauvage apparaît dans le cachot. Il est nu. D'étranges plumes sont collées sur tout son corps. il en a dans les cheveux. C'est un Peau-Rouge.

— Vous l'occupez donc à plumer des poulets ?

— Ce ne sont pas des plumes, c'est son varech.

Comme literie, il a du varech, il le mouille, le varech colle à sa peau.

Il ne dit rien. On referme.

— Ouvrez le Sénégalais.

Noir, nu, méchant, le Sénégalais est à demi étendu dans l'ombre. Du dos de sa main, il fait le geste qui veut dire : « Va-t'en » C'est une avant-main de fauve qui se balance. Ce cabanon sent la viande crue.

— Va-ra-cri-da-ru-la-ra-ti-ka !

Il s'est dressé. On voit ses dents, il va bondir. On boucle.

On ouvre ailleurs.

L'enfermé cherche à s'enfuir. Les gardiens le barrent. C'est un jeune, il est habillé.

— Faites-moi sortir, docteur, je vous en supplie, moi, je ne suis pas mauvais !

Avant-hier, il avait mordu l'homme à l'attitude soudée.

— Je ne recommencerai plus. Ce n'est pas ma faute.

Il avait un livre. Pour lire, il devait se coucher, le rayon de lumière passant sous la porte étant tout son soleil. Ce livre avait pour titre : *Aventures de voyages!...*

— Faites-moi sortir, par pitié! je ne mordrai plus.

— Refermez.

— Assassins! Assassins! crie le jeune homme en sanglotant.

— La folie, me disait une sœur, est une punition de Dieu.

Les hommes y ajoutent la leur.

JOUR DE VISITE

Les asiles ont cela de commun avec les champs d'épandage qu'ils sont hors la ville.

Ce n'est pas ce qui doit enrichir les Compagnies de tramways, mais on leur dit : « Vous n'aurez la concession que si vous nous faites celle d'aller chez les fous. »

C'est une affaire pour le wattmann qui bat les records de vitesse à travers des terrains vagues.

C'en est une autre pour le receveur qui berce sa sieste d'un royal ronflement.

Jeudis et dimanches, brouhaha !

Il y a du monde dans ces voitures.

Contrairement à l'usage, ce sont des citadins allant porter des victuailles à la campagne. Il monte des paniers une odeur de soupe et de ragoûts. Mon remords est d'avoir donné du pied dans l'un de ces osiers une fois, et j'ai renversé le veau marengo.

— Alors, qu'est-ce qu'il va manger, maintenant ? dit le propriétaire, d'un ton lamentable.

On nourrit les fous à la manière des cochons. Des asiles touchent 4 fr. 50 par jour et par personne. Avec cette somme on fait manger le patient, on paye le gardien, on lessive !

Il n'y a pas de fous obèses.

Mais jeudis et dimanches il y a des indigestions.

Un fou affamé mange facilement plus que de raison.

Voici les familles qui arrivent. Rien de commun avec les visites aux hôpitaux, cela tiendrait plutôt des promenades aux cimetières. On apporte une bouteille de bière au lieu d'un pot de géranium, c'est tout.

Pourquoi viennent-elles? Celle-ci parce que le cœur le lui commande. Une autre parce que les voisins trouveraient drôle qu'on n'allât pas voir le parent. Pour s'éviter des remords aussi. Tout cela est sans espoir. Ce n'est guère encourageant non plus.

La famille représente un monde lointain pour le fou. Les fous polis ne le marquent pas brutalement.

— Eh bien! tu n'es pas content de me voir?

S'il est content, il ne le dit pas.

— Tu sais, ton frère vient de mourir.

— C'est qu'il a bien chaud où il est.

Ils sont deux déments précoces sur un banc. Cette catégorie est encore sociable. Seul, l'un reçoit une visite.

— Tu es heureux de me voir?

— Eh oui! ma femme!

Sa femme lui tend une côtelette de porc. Il la mange :

— C'est bon? demande la femme.

— J'aimerais mieux mes bottes de chasse, répond l'homme.

Le second a la figure triste. La chance du voisin met son malheur en lumière. A côté d'une tombe fleurie, il paraît en être une autre où s'est fané un bouquet que personne ne viendra enlever.

Les fous ne sont pas seuls à ne pas voir les réalités.

— La Sainte Vierge! dit ce malade, à sa mère, la Sainte Vierge, tu comprends...

— Au lieu de penser à cette Sainte Vierge, fait la mère, tu ferais mieux de t'occuper de ta femme et de tes trois enfants.

Ce qui prouve que si l'on enferme les fous, on laisse des idiots en liberté!

Deux vieilles se ressemblent : deux sœurs. Un panier est entre elles. C'est un panier d'abondance. A une heure de l'après-midi, elles mangeaient. A deux heures également.

— Madame Servin, dit la religieuse, vous allez encore être malade ce soir.

Mme Servin a la bouche trop occupée, sa sœur répond pour elle :

— Mieux vaut vomir que maigrir.

Quelle noce!

Elles enfournent viandes, gâteaux, tout à la fois. Au juste, quelle est la folle?

— Je me le demande, fait l'interne. Je devrais établir un roulement et garder l'une et l'autre tour à tour.

— Pas de sitôt, mon petit brun, j'ai encore quatre sous, moi, et la pension de mon époux, alors?

A sa sœur :

— Mange, Adélaïde, tu en as pour quatre jours.

Voici une silhouette qui chatoie, jeune femme pressée et parfumée. Elle monte à l'infirmerie.

— Madame, lui dit le docteur, la situation est assez sombre.

— Qu'appelez-vous sombre?

— Votre mari n'en a plus pour longtemps.

— Eh! docteur, quelle importance cela a-t-il? fait la dame. Il sera mieux et moi aussi.

Et la dame ajoute pour elle-même :

— Depuis longtemps, c'est un mort pour moi.

Des cris rageurs éclatent : « Arrière! Cachez-vous dans le placard à balais! Mettez un masque! *Arrachez-vous la ressemblance.* Je vous reconnais. vous, le fils de cet homme, vous, le père de ce fils! Mâles qui faites du mal. Psitt! Psitt! Glou-ou-Glou! »

C'est une femme qui accueille ainsi son mari et son enfant. Elle était calme depuis plusieurs jours. La vue des siens remonta son délire.

L'homme la regarde : il est tout pâle. Serré contre le père, le gosse pleure.

La délirante se sauve au bout du jardin. Père et fils attendent un moment, puis ils la rejoignent avec précaution. Elle les voit qui s'approchent. Elle ramasse des cailloux et les lapide.

— Papa, demande l'enfant, pourquoi lui fait-on toujours manger de la mauvaise nourriture à la maman?

Une nouvelle visiteuse arrive. Elle vient voir sa fille. La sœur lui conseille de repartir.

— Remettez-lui toujours cette boîte de ma part. Je vais attendre.

La sœur passe dans la cour du quartier. La fille est occupée à chanter.

— De la part de votre mère, dit la sœur.

L'envoi semble fournir un nouveau thème à sa chanson. Elle chante :

— Poison du regard! Poison de la boî-oî-oî-te.

A pas dansants, elle gagne le milieu de la cour, et laisse tomber la boîte, délicatement, dans la fosse.

— A-t-elle mangé ses oranges? demande la mère à la sœur qui revient.

— Elle les mangera, madame...

Celle-ci ne prend pas de détour. Son mari s'approche, elle le gifle.

Ce mari en a assez. A sa mine, il ne reviendra plus. Il part en disant : « Et puis zut! »

— Et puis mange! répond la donzelle.

Toutes les situations se présentent :

— Veux-tu revenir à la maison? demandent ces gens à ce malade.

— Je suis bien là, vous ne m'aimez plus. Je préfère disparaître d'heure en heure.

— Tu es calme, tu vas mieux.

— Moi je vais mieux, c'est vous qui n'allez pas bien. Laissez-moi.

Sur le même banc, chanson différente :

— Je ne peux plus rester ici, emmenez-moi.

— Le docteur dit que tu n'es pas tout à fait guérie.

— Si, je suis guérie.

— Tu ne l'es pas encore. Sois raisonnable.

— C'est vous qui m'avez fait enfermer.

— Ne le fallait-il pas?

— Sans cœur, sans cœur, sans cœur!

C'est une jeune fille qui semble surtout avoir besoin d'une cure de tendresse.

Plus loin, une dispute s'élève contre un arbre :

— Enfin, dit un père à sa fille, me diras-tu pourquoi tu te bouches toujours les oreilles?

— Papa! c'est les tuyaux qui me traitent de vache!

Un monsieur et deux petits garçons traversent la cour et prennent les escaliers des « payants ». Ils viennent tous les dimanches. Au premier étage, ils tournent par le couloir B, puis ils entrent dans une salle. Ils en traversent quatre. Dans celle du bout sont trois lits. Ils se dirigent vers l'un, ils s'arrêtent et se découvrent. Sous un voile de tulle, une femme, jolie et sans ride, dort à plat dans l'attitude d'une momie. Elle est d'ivoire. Son visage, immobile, respire une féroce méchanceté.

Le monsieur et les garçons sont du même côté du lit et regardent la morte vivante.

Une sœur vient :

— Toujours le même état, ma sœur?

— Toujours.

Cette femme n'est pas morte et ne dort pas.

— Si tu ne veux pas ouvrir les yeux, dit le mari, donne-moi ta main, tu toucheras les enfants, tu verras comme ils ont grandi...

Dans son sarcophage, la momie ne bouge pas. Le mari rabat le drap, prend la main de cette femme. Cette main est soudée à la hanche. Il fait un effort : il ne peut décoller le bras du long du corps.

— Vous amèneriez un cabestan, monsieur, vous le savez bien, vous n'y arriveriez pas, dit la sœur.

Depuis trois ans, elle est ainsi. Mille jours bientôt qu'elle n'a pas ouvert la bouche, même pour s'alimenter. On la nourrit par le nez, à la sonde. Pas un de ses muscles ne bouge. Quand, chaque matin, on change son lit, il serait inutile de la saisir par les reins, un homme fort pourrait soulever tout le corps par les chevilles, elle se tiendrait raide, elle est de bois.

Le mari et les deux enfants, chapeau bas, veillent encore un moment, muets, près de ce faux cadavre.

Dehors on entend une voiture qui roule... L'idée vous vient que c'est le corbillard.

QUATRE DAMES ÉLÉGANTES

Ce matin j'ai rendu visite aux « payantes ».

Ce sont des dames qui ont « de quoi » et qui ne vont pas passer leur folie dans les quartiers des mal peignées.

On peut être folle, on sait tenir son rang.

Essuyons nos pieds, nous entrons chez les démentes à bas de soie.

— Madame, je vous présente mes hommages.

La dame était à la porte de son petit salon. C'était une personne distinguée, grande et brune. Robe noire, souliers vernis, boucle de strass. Trente-cinq ans... sans être poli.

— Faites-moi l'honneur, monsieur, de vous asseoir dans ce fauteuil. C'est sans doute à M. le procureur de la République que...

— Oh! non, madame.

— C'est à son substitut?

— Pas davantage...

— Vous êtes l'envoyé des *Galeries des Dames*, alors? J'ai commandé une chemisette, deux combinaisons de soie, une paire de souliers de ville, vingt écheveaux soie pour ouvrage-main et cinq mètres de charmeuse. Les souliers de ville ne sont pas de ma pointure. Vous me facturez la chemisette 120 francs, alors qu'elle était portée 98 sur le catalogue. Votre charmeuse est bien... Je paierai pour la charmeuse, mais les combinaisons!...

Elle part dans sa chambre et rapporte les combinaisons.

— Ce sont des combinaisons pour les cuirassiers de Reichshoffen! Je suis grande, mais je suis mignonne! J'ai taille mannequin, monsieur. Je suis faite au moule. Vous m'envoyez des sacs. Ces combinaisons ne sont pas pour sœur Gabrielle la Tour! Si, hier, cette sœur ne m'avait servi de la cervelle au lieu de rognons et du fromage de chair humaine, en place d'un petit flan entier, je pourrais lui faire don des combinaisons. Touchez-les. ce n'est pas de la soie, c'est du beurre!

— Madame...

— Madame Amélie Parqueret, veuve de son mari, qui n'a pas laissé plus d'argent que de regrets. Or, la santé de Mme Amélie Parqueret exige un vin tonique, des viandes saignantes et de vieilles bouteilles. Le 17 novembre, on m'a servi trois boulettes de restes, des restes des folles de là-bas, qui ne savent pas manger dans la vaisselle une sardine inférieure, du riz pierreux et des châtaignes pour me cimenter le sang.

Or, une autre fois or, Mme Amélie Parqueret, veuve non joyeuse, demande que l'on ne se livre pas sur elle à des pratiques d'auscultation épidermique; de plus, que dans le jardin son fauteuil soit placé de telle sorte qu'elle n'ait plus à redouter les nausées que lui occasionne le fauteuil-balançoire de Mme Urbain, et je m'oppose à ce que l'in ternée suisse, Mme Verming, me joue à tout instant sur la tête la *Marche funèbre* de Chopin.

— Madame, j'ai bien l'honneur...

Je me suis levé, Mme Amélie Parqueret s'agriffe à mon bras.

— Et je demande d'être séparée à table de Mme Zémandel, dont je ne puis supporter l'odeur physique délétère, le nez en clarinette, le corsage épinard, et la poitrine désormais vide.

J'ai pu retirer mon bras, elle m'a saisi au poignet.

— Et j'offre! Et j'offre une prime de trois cent vingt ducats à l'homme qui s'en ira là-bas, au cimetière, sur la tombe de feu Parqueret, mon époux, et pendant une nuit entière, alors que hululeront les chouettes, qui fera, à la lueur d'une lanterne sourde, de terrifiantes grimaces au fond de sa juste tombe.

J'ai pu m'enfuir de l'autre côté du jardin. La féroce veuve, accoudée à sa fenêtre, me fait des signes. Je disparais dans un pavillon. Mlle Escan m'attend.

Cela sent bon, ici.

Dans un salon une jeune fille est debout. Son attitude est celle qu'elle aurait, en dansant une gavotte. C'est une D. P., une démente précoce et sa folie est à forme de maniérisme. Elle vient au-devant de moi, glissant en cadence. A plusieurs reprises elle corrige d'un mouvement de pied une traîne *imaginaire* qui la suit mal. Son bras droit levé fait une anse. Son petit doigt, qu'elle affecte de détacher des autres, domine tout le sujet qu'elle compose. A trois pas de moi, elle plonge en un profond salut de cour, puis elle se redresse et s'évente, avec un éventail *qu'elle n'a pas.*

Ses mouvements dégagent le parfum dont elle s'inonde (six ou huit flacons par mois). Un sourire changeant passe légèrement sur sa figure, comme une eau limpide, mais diversement colorée, glisserait sur une plaque de verre. Tout à coup, l'eau ne glisse plus.

La force expressive du visage se concentre dans les yeux. La jeune fille me regarde « en coulisse », recule sur la pointe des pieds, puis, ayant mesuré la distance, doucement, de ses deux mains, elle me jette comme un cil. Alors elle éclate de rire. On ne règle pas mieux une scène au foyer de la danse.

Je m'incline, elle s'incline, je pars. Nous n'avons pas échangé un mot.

Le docteur est dans le couloir. Nous pénétrons dans une autre chambre. Assise, sa tête posée mélancoliquement sur son poing fermé, une femme blonde, vêtue de vert, une croix d'or pendant à son cou, regarde le tapis.

Une religieuse est avec elle.

— Comment allez-vous ce matin, madame Germaine?

— Docteur, *il* ne veut plus me parler.

Le docteur demande à la sœur :

— Elle pense encore à son tapis?

— Tout le temps, docteur. Hier, nous sommes restées dans l'autre chambre. Toute la journée elle répéta :

— Ouvrez la porte, ma sœur, que je voie mon tapis.

Il m'a fallu ouvrir.

— Il est triste, le tapis, aujourd'hui, m'a-t-elle dit, il ne me parle pas. Que lui ai-je fait?

— Voyons, madame, ce tapis ne peut pas vous parler, croyez votre docteur, qui est votre ami.

— Ah! il me disait de si jolies choses!

Un moment après, elle s'effondra sur ce tapis et pleura sur lui, douloureusement.

Entrons dans la salle à manger de ces dames. Une pensionnaire déjà assise attend l'heure sainte. En voyant sa cliente, le docteur se bouche les oreilles.

— Bouchez! Bouchez! cela ne changera pas le fond de votre âme. Ah! Voilà ce que l'on appelle des docteurs! Pourquoi, au fait, n'avez-vous point de bonnet d'âne ce matin?

Le docteur fait un geste.

— Inutile! ne me touchez pas. Loin de moi, la

bête. Moi qui avais en propriété toutes les Russies et le tsar pour régisseur; moi pour qui Guillaume II envahit la Belgique, afin de m'atteindre plus tôt et de me rendre mère d'un enfant-radium! A trois pas, je vous prie, manant, serf, moujik, nègre, docteur!

Et puis, enfin, quand allez-vous signer ma sortie?

— Je signerai votre sortie le jour où vous me direz : « Je me suis trompée, je ne suis pas la femme du roi Chilpéric. »

— Ah! je ne suis pas la femme de Chilpéric? Si. Si. Si.

— Comment vous appelez-vous, exactement?

— Demoiselle. J'ai épousé Chilpéric. Je suis devenue duchesse de Magenta, et comtesse de Montalembert. Maintenant, Joffre et Saussier sont mes propres frères, je suis née au Quirinal, aussi je dis à Philippe d'Orléans :

— Cousin, tu es une belle branche! « Mais vous, vous êtes une tomate, un cochon, un... »

D'authentiques ordures sortent de la bouche de cette femme dont l'allure décèle la bonne éducation. Avant sa maladie, elle eût rougi des termes qu'aujourd'hui elle lance avec conviction. C'est qu'il n'est pas une femme bien élevée dont les oreilles n'aient été frappées, dans la rue, à l'office, par les mots interdits. Ces mots alors refoulés, remontent à la mémoire des démentes. De la bouche de dames du monde tombées dans la folie on entend les inconvenances les plus ébouriffantes.

— Allons, madame, ce langage ne vous convient pas.

— Le sang de mon honneur coule, ainsi que celui de ma liberté. Si vous ne me donnez pas ma sortie, je l'aurai à coups de canon. Ah! Je le sais bien pourquoi vous me gardez!

— Je parie que c'est pour vous rendre visite les nuits.

— Toutes les nuits, il est chez moi, oui! Lundi, il s'est amené à trois heures du matin, habillé en Aramis. Avec sa grande épée, il voulait me transpercer. Heureusement que j'ai lancé mes *flitz* (?) Mardi, il était habillé en femme, en Carmen, honte à vous! effronté tentateur! Mercredi, il était dans la peau du marquis de Priola. Vous pensez qu'une nuit d'orage, rejetant ma vertu, je vous dirai : « Vien, mignon! » Pouah! Vous n'êtes qu'un bouc.

Elle saisit son sac, sort sa boîte à poudre et, dans

sa colère, s'enfarine le visage, à pleine houpette.

— Eh bien! crie-t-elle, je ne suis pas la femme de Chilpéric! Signez ma sortie.

— Au revoir, madame.

— Au diable! maquereau.

MADEMOISELLE SUZANNE

— Me voici !

C'était une jeune fille fraîche comme l'innocence. Elle avait couru sur la pointe des pieds pour rejoindre le docteur en blouse blanche. Il était clair que dans ce « Me voici », elle avait résumé maintes choses, entre autres : « Je vous guettais depuis ce matin. J'allais de porte en porte. Je prêtais l'oreille. Vous êtes entré par la cour A juste au moment où je vous attendais cour B. Enfin je vous ai vu. Je suis vite venue : Me voici. »

Cette agréable personne se croit l'épouse de ce docteur.

— Tiens! dit une religieuse, Mademoiselle Suzanne qui a retrouvé son mari!

— Oui! mon mari!

Elle enveloppe le docteur d'un regard qui supplie et, de sa main, lui caresse le bras.

— Allons! fait le docteur.

Mlle Suzanne n'est pas choquée. Elle sait bien qu'une épouse doit subir les mouvements d'humeur de son maître. Elle lui remet trois missives écrites hier et ce matin à son intention et à sa gloire. Le docteur prend les chères lettres dont l'écriture, tant elle déborde aux lisières des feuillets, semble l'image même de l'amour illimité de cette demoiselle, et, lentement, les déchire en me parlant d'autre chose.

Divinement résignée, Mlle Suzanne assiste souriante à la destruction de ses épanchements.

— Docteur, fait-elle, quand m'emmenez-vous? Je suis votre femme aimante et fidèle.

Elle est jolie, Mlle Suzanne. Grâce et douceur sont les signes extérieurs de sa folie. Elle cherche évidemment quelque chose. Ce n'est pas le cœur, elle l'a trouvé, c'est donc la chaumière.

— Oh! emmenez-moi, docteur.

— Allons, fait la religieuse, qui décroche elle-même du bras du docteur la main éloquente de la belle fiancée volontaire.

Dans un long couloir où nous nous en allons, l'enfant suit à trois pas, comme les femmes d'Orient. Cette jeune fille, dis-je, ne semble posséder d'autre folie que celle du printemps et de la jeunesse. Ce mal n'est-il de ceux qui s'apaisent avec agrément?

— Pour renaître peu après, fait le docteur. En tout cas, ce n'est pas là ma mission...

Nous sommes arrivés à la porte. Chaque matin, à cet endroit, a lieu la scène de la séparation. Le docteur doit repousser dans le quartier l'amoureuse qui lui parle avec toute l'éloquence d'un trop clair regard. Elle insiste, mais elle n'est pas la plus forte. Le docteur est enfin sorti du péril.

Alors Mlle Suzanne va s'asseoir sur un banc. Elle reste longtemps immobile, noyée dans son désenchantement. Puis enfin elle prend son crayon et se met à écrire les lettres que, demain matin, l'ingrat, sans les lire, déchirera.

LA FOIRE DE LA FOLIE

Il y a des fous qui font les fous. Il ne leur manque que l'habit de satin, le bonnet à corne retourné et les grelots.

Ce sont les saturnales qui se célèbrent, ce matin au pays du soleil, dans cette cour.

Des bouffons gambadent. Un homme nu pique un cent-mètres et saute des haies imaginaires. Ce maget, d'une boîte de biscuits a confectionné un tambour. C'était suffisant pour rappeler à son voisin l'existence des tambours-majors et le voisin marche devant, faisant du geste le simulacre de lancer une canne qu'il n'a pas.

Ces fous sont de tous les pays. Il y a un géant qui est Danois. Les langages d'Europe, d'Orient et d'ailleurs s'entrecroisent. On dirait la fête au pied de la tour de Babel.

On ne les a pas tous ramassés sur place. D'aucuns ont traversé la mer en état de folie officielle. L'Algérie n'a pas d'asile, ni la Corse. On expédie ces fous dans le Sud de la France. Mais la Corse abuse. Ses fous ne sont pas tous authentiques. Un vieillard va-t-il déclinant, on lui dit :

« Ecoute, tu n'es pas riche, on va t'envoyer sur le continent; tu seras nourri et logé dans une grande maison, belle comme la caserne de Bastia ! »

Un petit certificat, et l'on expédie le colis. Il arrive. Le directeur-médecin dit : « Encore un Corse, je parie qu'il n'est pas fou ! » Il n'est pas fou, mais il est là. Il faut bien le garder !

Le géant danois vient d'outre-mer également. Il était monté sur un paquebot français, à l'escale renommée pour la liquéfaction du cerveau, à Singapore! Le bateau siffla ses trois coups. Au large! C'est au bar que le Danois attira d'abord l'attention des pouvoirs maritimes. A l'heure du café, il rassemblait devant lui cafetière, tasse, sucrier, il recouvrait le tout de son casque et attendait. « Curieux pèlerin! » se dit le commandant. Mais le soir où son malheur lui arriva, voici ce qu'il fit : on dansait au salon; belles dames, clair de lune, wisky, orangeades! Le Danois prie la fille du gouverneur d'une colonie de lui accorder un tango. Accord. Tout va bien. On tangue. La danse est achevée. Le danseur saisit la danseuse par les coudes, la soulève — c'est un géant — traverse ainsi la salle et assoit violemment la fille du gouverneur sur le phonographe haut perché. Cris d'horreur de la galerie et cris de douleur de la demoiselle, car ça lui avait fait mal!

Dans la cabine-cabanon se termina le voyage du jeune et beau Danois.

Au soleil, les fous sont plus fous, mais ils paraissent moins tristes, et quand ils chantent, la mesure est mieux observée.

Une espèce de Turc assis en tailleur, une badine à la main, charme des serpents. Il me demande de m'asseoir. Je m'assois. Il n'y a pas de serpents, évidemment! Les serpents sont dans sa vision. Cela suffit. Il siffle. Du bout de sa baguette, il chatouille les reptiles sous le cou. Les reptiles se dressent sur la queue. Alors le Turc se relève pour les suivre dans cette ascension. C'est pour moi l'occasion d'en faire autant.

— *Backchichc* (pourboire) dit le charmeur.

Mendier est le seul moyen d'avoir quelques sous pour le fou abandonné.

Ce monsieur bien rasé et de mœurs décentes (les fous ont généralement une façon de mettre leur pantalon...) était sacristain. La nuit il se levait, pénétrait clandestinement dans son église, puis allumait les cierges, tous les cierges.

— Enfin! Baptiste, disait le curé, quel est le vaurien qui allume mes cierges?

Baptiste répondait :

— C'est un nouveau miracle de saint Sernin.

Le curé pinça Baptiste. Baptiste avait d'ailleurs plusieurs autres miracles dans son dossier. On l'interna en attendant de le canoniser.

Baptiste en a conservé l'amour des allumettes-bougies.

Je lui en ai glissé une boîte, en douce!...

Cependant, deux silhouettes s'agenouillent. Elles touchent le sol de leur front. Ces fous se relèvent... Ce sont deux Musulmans qui font la prière de midi.

L'ARRACHEUR DE DENTS

C'est bien la foire. Voici le charlatan!

J'en demande pardon à MM. les chirurgiens-dentistes, mais leur collègue qui, ce matin, pénétrait dans cet asile allait se conduire en baladin.

Un gardien, qui l'accompagnait, lui dit : « Il y en a quatre. En voici d'abord deux. »

Les deux fous s'amenèrent avec empressement. Le gardien leur dit : « On va vous arracher votre dent, vous êtes contents? »

Le dentiste les fit asseoir sur un banc.

J'attendis. J'étais persuadé qu'une charrette à bras apportait l'estrade, le tapis de velours rouge, la sonnette, le casque de pompier et les deux cadres contenant diplômes et médailles d'or!

Comme j'aime les boniments, je fus l'un des premiers à faire cercle autour de l'arracheur.

De sa poche principale, il sortit son davier et le mit dans sa poche de gilet.

— Ouvrez la bouche, dit-il au premier client.

Le client obéit.

Le baladin se courba et plongea un œil dans l'orifice.

— C'est là?

— Vous savez bien qu'il ne faut pas croire ce qu'ils vous disent, fit le gardien.

L'homme au davier promena son index sur la mâchoire du bas.

Le client tressauta. C'était là!...

Pendant ce temps, on avait trouvé les deux autres. Avec les curieux, cela constituait un groupe. L'opérateur pouvait opérer.

Du bout de sa pince, il coinça la dent coupable. Le fou pépiait. Belle pesée professionnelle du poignet.

— Mesdames et messieurs, voici la dent...

Il ne manqua que le roulement de tambour!

— Au suivant!

Le cercle se livrait à des singeries. Un Albanais suivant les opérations, répétait : « Tirana! Tirana! » Un Arabe disait au dentiste : « Toi, camarade cochon! » Des Russes, en proie à des visions terrifiantes, ramenées de la prison de Boutirky, cachaient leur tête dans leurs mains, hululant.

Cinq dents au tableau!

Chez le vétérinaire, les bêtes accompagnées ont droit à la piqûre.

Personne, il est vrai, n'accompagnait les quatre fous. Ils n'eurent même pas un verre d'eau. Ils couraient dans la cour, montrant leurs gencives saignantes.

C'était encore beau que l'on eût arraché leurs crocs!

Ils attendaient cette délivrance depuis des mois!

L'ARMÉNIENNE, SON MARI ET LE POPE

Passons de l'autre côté du rideau, quartier des femmes.

C'était le jour des séances, aujourd'hui. Une

femme casquée d'un bonnet d'aviateur, camisolée, ficelée sur le lit, bavait de fureur en criant entre deux nausées :

— Mouge, mouge, mouge!

C'était une Arménienne. Contons son histoire.

Son mari, comme tout Arménien qui connaît son devoir, était parti pour les Amériques. Fortune faite, il envoya des dollars à son Arménienne et lui dit :

— Viens me retrouver.

L'Arménienne boucle sa malle de fer-blanc; en route! Traverse la Méditerranée, Marseille, brûle Paris, atteint Cherbourg. A Cherbourg, elle perd son sac. Elle n'a plus d'argent. On la refuse au bateau. Premier désespoir. L'Arménienne tombe alors sur des flibustiers qui désirent la consoler, elle les suit à Paris. Les flibustiers lui volent l'honneur. Elle a tout perdu. Dans son malheur elle veut se rapprocher de son Arménie et part pour la côte. Elle arrive, elle loue une chambre au deuxième étage et se jette par la fenêtre. Elle ne s'est pas tuée. Elle arrache ses vêtements, elle court par la ville : l'étrangère est folle.

En arrivant à l'asile, elle répétait, s'il faut en croire l'interprète : « Qu'ai-je fait à mon mari, à mon mari? » car, en arménien, « mouge » signifie mari, assure-t-on.

Elle portait des papiers sur elle. On a l'adresse du mouge. On lui télégraphie. Il est arrivé.

C'est lui que voici dans la salle en compagnie d'un pope. Il a la permission du directeur de faire exorciser sa femme.

La cérémonie va commencer.

— Seulement, dit le pope, il faut que la femme soit debout.

Trois infirmières et une sœur délient la furieuse, qui gesticule et crie d'affreux mots d'Arménie.

— Jamais elle n'avait employé ces termes grossiers dit le mari. Le diable la possède.

C'est aussi l'avis du pope.

Ce n'est pas celui de la sœur.

La démente est debout. Le mari recommande qu'on la tienne bien. Il y aura des pourboires.

Le pope ouvre une malle. Il sort de là des vêtements d'église — d'église orthodoxe — un plat, un encensoir.

La possédée est déchaînée.

— Tenez-la bien!

Le pope revêt ses ornements. Il quitte son chapeau sans bord, haut de forme et de toit pointu, puis il couvre son chef d'une drôle de tiare. On apporte de l'eau; il verse l'eau dans le plat et, dans cette eau, jette de la sciure de bois. Ce n'est tout de même pas ce qui peut ouvrir les yeux de l'ensorcelée!

On attaque les prières. Avec ses doigts, le pope semble parler à des sourds-muets. Les folles officielles, couchées dans la salle, le regardent avec grand intérêt. L'une, même, l'accompagne comme sur un harmonium car, maintenant, le pope chante.

L'Arménienne chante aussi, mais une autre chanson. Alors l'homme à la tiare lui jette à la figure son eau à la sciure. Puis il se précipite sur l'encensoir. Mais c'est le mari qui a les allumettes. Nerveux, le mari rate la première suédoise. Cela agace l'officiant. Enfin, l'encensoir fume. L'officiant qui a chaud encense l'Arménienne qui crie de plus belle, sans doute parce qu'elle est mouillée.

C'est fini.

Cela n'a pas réussi.

Le démon a tenu bon.

On reficelle la démente.

Une fois, j'ai fait un rêve : j'ai vu tous nos fous réunis dans une île. On leur avait abandonné ce territoire. Ils avaient nommé un roi, ils avaient élu une Chambre. Pour ce qui est de cette Chambre ils ne s'étaient permis la moindre innovation personnelle, ils avaient copié le Palais-Bourbon, cela leur avait suffi.

Chaque fou avait repris son ancien métier. Les chirurgiens coupaient, les médecins administraient le clystère. Les romanciers pondaient, les dames du monde recevaient, les sages-femmes en délire mettaient au monde.

Les chefs de gare portant un collier de sifflets faisaient partir les trains tous à la fois comme un lâcher de pigeons voyageurs.

Les coiffeurs séparaient méticuleusement, en deux parts égales, les cheveux du client, ensuite ils tondaient un côté et ils frisaient l'autre.

Les pharmaciens préparaient d'un seul coup et dans un unique baquet les ordonnances de la journée, et venaient à cette citerne remplir leurs flacons qui, eux, portaient la formule demandée.

Les dentistes se trompaient de dent. Au théâtre, les acteurs, oubliant soudain la pièce qu'ils jouaient, se mettaient à réciter tour à tour et sans annonce au public, les plus beaux rôles d'une longue carrière.

Et le dimanche, le curé, en proie à Satan, prêchait tout son peuple accouru.

Parfois l'un de ces insulaires retrouvait la raison, mais personne ne le comprenait plus. Malheureusement il ne pouvait s'enfuir, puisque c'était une île. Il prenait son front dans sa main, puis, s'arrêtant, il essayait de réfléchir. Alors de tous les passants intrigués il recevait une joyeuse et inconsciente dégelée de coups de pied au cul — cela uniquement afin de savoir s'il était un homme ou une statue.

De temps en temps, la France envoyait en mission dans cette colonie une bonne escouade de savants qui devait « se rendre compte » et voir « ce que l'on pourrait faire ». Chahutés par la masse hallucinée les savants-ambassadeurs ne tardaient guère à regagner leur bateau au pas de course, non sans avoir auparavant levé plusieurs fois leurs bras au ciel clément.

Ils rentraient dans la métropole en s'écriant :

« Que les fous se débrouillent, mais qu'ils ne comptent pas sur nous! »

J'avais rêvé cela, un jour.

Ce rêve était-il si insensé?

LE FOURNISSEUR DES GRANDS MAGASINS

Philippe, Peintre sur soie, à Saint-Charles (Gironde).

Voilà qui est net, nous sommes en face d'une adresse de commerçant. Il s'appelle Philippe, il peint sur soie, il habite le pays de Saint-Charles en Gironde et le numéro de son registre commercial est 244. C'est dans le coin de ses factures, à droite.

Saint-Charles n'est pas une ville, c'est un asile. Philippe qui peint sur soie est un fou, et sa maison de commerce est sise dans son cabanon.

Ce cabanon n'en est pas un, c'est une chambre qui communique avec une autre chambre : le succès étant venu, la maison Philippe dut s'agrandir...

D'abord Philippe avait commencé seul. Il envoya ses modèles aux *Galeries Lafayette*, au *Bon Marché*.

Bon travail ! dit l'un de ces illustres bazars, de plus, le prix est fort *raisonnable*. Il écrivit à M. Philippe :

— Expédiez-nous cinquante coussins modèle A.

Cinquante ! Philippe ne perdit pas la tête. Il alla trouver le médecin-chef, qui justement était de l'école de Dide.

— Philippe, dit le psychiâtre de l'école de Dide, vous me demandez deux ouvriers, choisissez parmi vos confères de Saint-Charles. Et voici cinq cents francs d'avance pour acheter vos matières premières.

Deux jours plus tard l'autre des illustres bazars répondait : Envoyez-nous cent coussins modèle B.

— Prenez, Philippe, prenez des ouvriers, fit le psychiâtre.

Philippe embaucha quatre autres pensionnaires.

Quatre, plus deux, plus lui, Philippe, cela faisait sept fous dans le local.

Les ouvriers préparaient les coussins, Philippe les peignait.

C'était il y a un an.

Aujourd'hui ils sont quatorze et Philippe paye des impôts.

— Pour rire! dis-je.

Philippe ouvrit son tiroir-caisse et me montra le reçu du percepteur.

— Même dans une maison de fous, on ne lui échappe plus!

Dans le fond de l'atelier on voit un piano, et sur le couvercle de l'instrument un violon repose. C'est le violon de Philippe et l'ouvrier, Richard, accompagne au piano. Ce concert n'a pas lieu aux heures de récréation, mais lorsque le démon de la musique les pousse. Alors Philippe et Richard se lèvent et vont à leur instrument et l'atelier, tombé dans l'extase, travaille en cadence.

— Ah! soupire un charmant insensé, si seulement nous avions de petites ouvrières!

Pourquoi Philippe devint-il fabricant?

Il me l'explique :

— Il me faut un million, car je veux sauver le monde. Il s'agit de démasquer la piraterie Shackleton. Vous croyez sans doute comme le reste des hommes que l'explorateur Shackleton est mort? Il est vivant, le bandit! L'annonce de son trépas est une nouvelle ruse de l'Angleterre. Shackleton a reçu de l'Angleterre la mission secrète d'arrêter l'évolution terrestre. Et voici le plan : il attend l'heure propice pour aller planter profondément au point pôle Sud une gigantesque antenne de platine. Ce que cela fera? Ignorance de mes contemporains! Cela fera simplement que la terre ainsi immobilisée ne tournera plus et que la moitié de ses habitants surpris alors la tête en bas seront précipités dans le gouffre du néant.

Au travail! mes amis, crie-t-il dans l'atelier. Aidez-moi à sauver la terre qui ne doit pas cesser de tourner.

Et les ouvriers en coussins, d'un cœur nouveau, se remettent fébrilement à leur besogne...

Il m'était agréable de penser, dans cet étrange atelier, aux magasins du *Bon Marché* et des *Galeries Lafayette*, ces sérieuses maisons. Il me semblait entendre le chef de rayon, l'une des plus belles redingotes de la boutique, appeler, pour le mettre à la porte, un pauvre commis aux étroites épaules et coupable de quelque fantaisie.

— Monsieur, lui disait ce gradé de la confection, en lui signifiant son congé, Monsieur, apprenez que chez nous, on ne travaille pas avec des fous...

CEUX QUI ONT TUÉ

Voici les fous assassins.

Ils sont aussi sages ou aussi fous que les autres dans cette cour d'asile.

L'interne me présente Norbert.

C'est un paysan à l'œil pacifique.

— Pourquoi avez-vous tué votre belle-fille, Norbert ?

— Elle voulait gouverner la maison sous *prétèque* qu'elle avait la peau neuve. Je lui ai dit : « Ma bru, tu vas t'attirer du désagrément de ma part. » Elle m'a dit : « Vous n'êtes plus le maître, c'est ici chez moi *pisque* j'ai épousé le fils. » Je lui ai donné un coup de hache sur la tête, pas plus que ça.

Souriant, il reprend sa promenade.

— Et vous, Péchard? Dites-nous clairement, mais clairement, n'est-ce pas, pourquoi vous avez tué votre femme?

— Clairement, monsieur le docteur, je l'ai tuée à cause de la côte droite.

— Qu'avait-elle, la côte droite de votre femme?

— Elle était à gauche. Alors, vous comprenez, c'était une insulte à la divinité. La côte droite à gauche! Non! Alors, monsieur le docteur, alors, où irait-on?

Julien a tué sa femme et son enfant.

La mère allaitait. Julien revient de l'usine. Ce tableau maternel le frappe de terreur. Il va à la cuisine, il saisit le grand couteau et, d'un seul coup, transperce le cou de l'enfant et le sein de la mère.

— J'entre, n'est-ce pas? L'enfant dévorait sa mère! Elle en souriait de douleur, la pauvre femme. Ah! j'ai fait vite pour la délivrer. Et il n'était que temps, vous savez! Sans moi!...

Un gars musclé est acroupi, torse nu, contre le mur et lit un catéchisme.

Il a tué deux pêcheurs voilà quinze jours.

Il est à l'asile pour observation.

— J'arriverai à savoir ce qu'il a dans le ventre, dit le docteur.

— Des tripes, répond l'homme. Et puis le ciboire. Et puis la crosse de monsieur l'évêque. Le bon Dieu dit : « Je ne veux pas la mort de l'impie. »

L'homme qui s'était relevé tombe à genoux et récite.

« Qu'est-ce qui a créé le monde? — C'est Dieu qui a créé le monde... »

— Et qui a tué ses deux camarades comme un lâche? demande le docteur.

— C'est l'esprit du mal. Mais ne me parlez pas de cette tuerie. Vous allez me redonner le cauchemar. Quand je pense surtout aux enfants qui restent, j'ai du remords. Que voulez-vous? D'une main on vous frappe, d'une autre on vous cicatrise.

L'homme remet le nez dans son catéchisme et continue sa leçon :

— Combien de temps Dieu a-t-il mis pour créer le monde?

— Dieu a créé le monde en sept jours... »

Ce mystique ne serait qu'un sur-simulateur.

Il y a plus tragique : le coin des enfants-monstres.

Ils n'ont pas encore commis de crime, ils sont trop jeunes, mais le crime les habite. Leur folie est d'aimer faire le mal.

Cette petite fille que l'on me présente, a neuf ans. Son intelligence est brillante. Elle l'employait à mettre le feu chez elle, à semer d'aiguilles le lit de sa mère. Chaque jour, elle coupait un petit bout de la queue du chat. A l'asile, elle guette pendant des heures le passage des sœurs, et, quand une sœur se présente bien, elle la pince férocement au mollet. L'enfant-monstre me tend la main. Je prends sa main. La gosse pousse des hurlements comme si je venais de l'ébouillanter.

— Mon poignet, crie-t-elle, mon pauvre petit poignet, ce monsieur me l'a brûlé!

Puis, sans transition, elle se met à sourire et nous montre ses cuisses.

La sœur veut intervenir.

— Va-t'en catin, lui crie-t-elle.

Voici un garçon de quatorze ans. Son visage est gracieux.

— Bonjour, messieurs, dit-il.

Il nous offre deux cocottes en papier.

— Comme cela, il a l'air gentil, fait le docteur. Eh bien ! il ne pense qu'au crime.

— Je vous aime bien, monsieur le médecin.

— Tu m'aimes bien, seulement si dans quatre ou cinq ans tu me rencontres dans un terrain vague tu m'assassineras, n'est-ce pas, Pierre ?

Pierre répondit simplement :

— Il faut bien faire le mal.

⁂

Eh bien ! à quoi peut aboutir, ad-mi-nis-tra-ti-ve-ment la grande misère des fous criminels ? A des vaudevilles.

Ces vaudevilles ont deux auteurs.

Ces auteurs n'ont pas la réputation qu'ils méritent.

Je réclame, pour ces éminents humoristes, deux fauteuils jumelés à l'Académie Française, la cravate de la Légion d'honneur, puis, leur mort venue, une statue sur le toit du Palais-Royal.

L'un s'appelle : l'article 64; l'autre : la loi de 38.

Ils se valent. S'ils ne partagent pas équitablement les droits d'auteur, c'est que l'un vole l'autre.

L'article 64 fait bénéficier d'un non-lieu ou fait acquitter le personnage principal de la pièce, lequel porte toujours le nom d' « aliéné criminel ».

Aussitôt, la loi de 38 s'empare du monsieur. Elle le déshabille, elle le palpe, elle le retourne, puis, haussant les épaules, s'écrie : « Criminel si tu veux, mon vieux collaborateur, cela ne me regarde pas. Mais, aliéné? Holà! Ton homme, je le relâche. »

Le personnage retrouve sa liberté. Le rideau tombe. C'est l'entr'acte.

Le personnage profite de l'entracte, non pas comme vous pourriez le supposer, pour acheter des oranges, pastilles à la menthe, bonbons acidulés, mais pour recommencer son petit métier, qui est de voler, de piraier, d'assassiner.

On tape les trois coups : second acte.

Le gendarme introduit une nouvelle fois le personnage au palais de justice.

— Quoi? fait l'article 64, c'est toi? La loi de 38 t'a mis à la porte?

— La loi de 38 dit que je ne suis pas un aliéné.

— Elle dit cela? Attends!

L'article 64 ouvre un tiroir et débouche le pot à colle. — Tourne-toi, dit-elle au personnage.

Sur son dos, elle placarde une affiche où se lit : « *Aliéné dit criminel.* » Signé : Article 64.

— Reconduisez cet homme à la loi de 38, dit l'article au gendarme.

Rideau. Entr'acte.

Cette fois, le gendarme et le personnage profitent de l'entr'acte pour prendre le train. Ils vont retrouver la loi de 38, sise en immeuble appelé asile.

Troisième acte.

La loi de 38 reconnaît le personnage et s'écrie :

— Il ne faudrait pas croire que tu vas plus longtemps te payer ma figure. T'ai-je mis à la porte, oui ou non? F...-moi le camp!

— Tout doux! réplique le personnage. Vous m'avez mis à la porte pour une piraterie précédente et non pour la dernière, de plus regardez mon dos.

— Pas d'erreur! fait la loi, tu es en règle, la signature est bonne. Tu peux rentrer.

— Vous savez, dit le personnage, je resterai bien ici une quinzaine. La température est clémente et cela me reposera. Ne vous pressez pas de m'examiner.

— A ton aise! fait la loi.

Quinze jours passent. Le personnage est d'aplomb. Il va trouver la loi :

— C'est le moment de m'ausculter le cerveau!

— Tu attendras bien encore un peu?

— Pas un jour. Vous m'avez délivré, voilà six mois, un certificat prouvant que je n'étais pas fou. Il faut prendre une décision : renier votre signature ou lui faire honneur.

— C'est vrai, dit la loi. Je te relâche. Tu es libre. Adieu!

— Non! dit le personnage, au revoir seulement!

— Comment, au revoir?

— J'ai fait deux petits séjours dans votre asile, n'est-ce pas?

— Parfaitement!

— Quand je comparaîtrai une nouvelle fois

devant l'article 64, l'article 64 me demandera : « D'où venez-vous? — De la maison de fous! », répondrai-je. Alors l'article 64 sortira son pot à colle et je reviendrai vous montrer mon dos. A bientôt, Madame la loi de 38!

La pièce est jouée.

MADAME GASTON SORT EN VILLE

Madame Gaston est une « payante ». Elle doit sortir aujourd'hui faire des achats. Sœur Agathe l'accompagnera.

Voilà la sœur et la dame dans la rue. Le vent pique... On ne voit qu'un tout petit bout du nez de Mme Gaston. Le couple va bien. La sœur pose sa main sur le bras de sa compagne et lui dit certainement : « Vous marchez trop vite ». La compagne accélère. La sœur aussi, moi de même à vingt pas derrière.

Nous enfilons la rue Georges-Clemenceau. C'est

une course à fond de train. Soudain Mme Gaston bloque les freins. Qu'elle soit bénie! C'est la devanture d'un marchand de pipes qui nous vaut de souffler. La dame entre chez le pipier. La sœur entre chez le pipier. J'entre chez le pipier.

— Une pipe, Monsieur? demande le pipier.

— Oh! non! pas pour moi, dis-je.

— Faites-moi voir des pipes, fait Madame Gaston.

— Pardonnez-lui, Seigneur, susurre la sœur.

On pose une boîte pleine de pipes devant Mme Gaston. Elle suce tous les bouts tour à tour, comme si c'était du zan. La sœur la tire par la manche. Le pipier n'en pipe plus.

— Donnez-moi deux pipes, dit la dame.

— Deux! s'exclame la sœur.

En route! Arrêt à la Pâtisserie Suisse. Gâteaux. Jusqu'au quatrième gâteau, la sœur ne dit rien. Quand la pensionnaire piqua de sa fourchette les gâteaux cinq et six : « C'est assez, dit la sœur, vous allez vous faire mal. » Mme Gaston saisit aussitôt deux autres tartes aux cerises. La sœur lui arracha l'assiette. Mme Gaston ouvrit son sac et, sous l'œil noir de la pâtissière, y jeta quatre choux à la crème.

Départ. La sœur doit offrir cette promenade à Dieu pour qu'elle lui compte à l'heure de la mort! On entre dans un magasin de nouveautés. La dame rouvre son sac. Les gâteaux n'y ont pas fait du joli! Elle en retire une feuille de papier et la lèche — à cause de la crème. Mme Gaston vient acheter une chemisette et des pantoufles. Soudain, elle ôte ses gants, montre ses doigts rongés par elle et crie à la clientèle : « C'est sœur Agathe qui me mange les doigts. Regardez! Regardez! »

La clientèle regarde. Sœur Agathe baisse la tête. Et je sors lâchement par une autre porte.

LES FRÈRES DE LA DROGUE

L'opiomane, le cocaïnomane, le morphinomane sont également des fous, mais, par convenance, on les appelle des toxicomanes.

Quand une raison solide les oblige à divorcer d'avec la drogue, ils ne vont pas chez un avocat, mais à la maison de santé.

Le toxicomane est le monsieur qui, lorsqu'il n'a pas absorbé sa dose d'opium, de coco ou de morphine, est prêt à s'affaisser où il se trouve comme une vieille serviette tombant de son clou.

En Indochine, cela s'appelle « être niën ».

La première fois que je vis un homme « niën » ce fut à Saïgon.

J'étais avec un camarade à qui je voulais du bien.

— Tu m'écoutes, lui disais-je, tu vas procéder ainsi et tu gagneras cent mille francs.

Le camarade ne m'écoutait pas. Il défaillait.

— Ne t'émeus pas de la sorte, fis-je, tu ne les as pas encore.

Les yeux du camarade pleuraient.

— Qu'as-tu? lui dis-je.

— Je suis « niën ».

— Qu'est-ce que tu es? demandai-je.

Mais le compagnon sauta dans un pousse, gagna sa chambre, se jeta sur son lit, s'empara de sa pipe comme s'il montait à l'abordage et, claquant des dents, prépara sa petite cuisine.

A la troisième pipe, il ressuscitait.

— Maintenant, me dit-il, tu peux continuer de vouloir faire ma fortune.

L'opiomane est le plus à plaindre des toxicomanes.

On peut, pour priser, se fourrer les doigts dans le nez à tous moments.

Il ne faut qu'un coin de hasard pour se piquer la cuisse avec passion.

L'amant de la drogue, lui, est un esclave méconnu.

Le cocaïnomane et le morphinomane sont mobiles : c'est le 75 de campagne.

L'opiomane c'est l'artillerie lourde! Il lui faut divan, natte, lit ou couchette. Une petite lampe, de l'huile, un pot de drogue, une aiguille à tricoter et un bambou qui, pour être tabou, doit avoir trente centimètres d'un bout à l'autre bout.

Un opiomane est une espèce de cul-de-jatte : il ne peut guère sortir de son quartier. Cependant, installé dans une cabine de première classe il fera le tour du monde si vous le voulez. Mais s'il va de Paris à Nice sans escale, c'est une affaire considérable.

Il doit louer les deux couchettes du wagon-lit.

Une seule suffirait pour la célébration de son sacrifice, mais il ne faudrait pas qu'au milieu de l'office le voyageur de la couchette du haut penchât la tête et dît : « Eh là ! l'homme ! vous n'avez pas bientôt fini de faire griller des noisettes dans votre cageot du bas ? »

Car le profane qui sent la fumée d'opium s'écrie toujours :

— Cela sent la noisette par ici.

Cependant, l'opiomane est parfois forcé de voyager en commun. Au bout de vingt-quatre heures le cher homme devient martyr.

Il a bien des cachets qu'il acheta vides chez le pharmacien et qu'il bourra d'opium. C'est noirâtre. Ce n'est pas si bon que la fumée ; cela lui tient tout de même au corps quelques heures.

Mais les heures passent... et les cachets ne passent plus. L'homme entre en sueur, ses yeux pleurent, son nez coule. Son compagnon a le temps de prendre la victime sous le bras et de lui tenir le front à la portière, mais tout juste. Mistral, mousson, bora, tous les vents du grand large le secouent intérieurement du nombril au cerveau. Il n'en peut plus. Il se sent partir. Il allait à Madrid, il s'arrêtera à Sigüenza. Il ne durerait pas trois heures de plus. Il descend du train. Il est affolé de souffrance. Peu importe le prix, il lui faut une chambre, une chambre tout de suite, où il courra se cacher comme un criminel que poursuit le gendarme.

Il a sa chambre! Fiévreusement il ouvre son petit sac qu'il n'a pas lâché du voyage.

C'est là dedans! S'il avait fallu sauver d'une catastrophe son sac ou sa femme, il aurait d'abord bondi sur le sac. Alors commence la cuisine autour du pot d'opium. A la première pipe, il revient à la vie. A la deuxième, il sourit. A la dixième son paradis est retrouvé!

Quand, favorisé des dieux, vous voyagez sur des terres de soleil, vous portez sagement des lunettes jaunes. Tout change de couleur : la mer est rousse, les arbres sont fauves, le ciel est mordoré. Jusqu'au consul de France que vous croisez et qui a le teint d'un Chinois! Par son inattendu, l'existence est enchanteresse. Enlevez vos lunettes, ce monde imaginaire s'écroule. Vous contempliez des lanternes : c'étaient des vessies.

Ainsi du très charmant toxicomane. Prend-il ses lunettes, je veux dire sa pipe, sa seringue ou sa prise, le monde danse, sous ses yeux, une sarabande ensorcelée. Un vieux trumeau vient à passer : « Oh! l'admirable jeune fille! » dit-il. S'il vous écrit : « Hourrah! les dieux eux-mêmes me jalouseront, la terre entière est à mes pieds », cela signifie qu'il est allé proposer une affaire et qu'on lui a dit : « La chose me paraît intéressante, nous allons l'étudier; repassez dans huit jours. » C'est parfois le contraire : « Catastrophe! me voici tombé dans un trou où je sens déjà que je m'enlise. Venez à mon secours! Ce soir ce sera trop tard. » Traduisez : « Un tout petit arrêt dans mes projets. Je ne saurai que demain le résultat de mes démarches. »

Au début de la drogue, c'est le mariage d'amour.

Bientôt, il faut augmenter la dose.

On commence par 10 pipes, on finit par 150 à la journée.

Plus le toxicomane absorbe, plus il a faim.

C'est à ce moment que la vie du toxicomane n'a plus qu'un but : se procurer la marchandise.

Son intérêt, sa profession, ses affections, sa famille, cela le malade le voit encore, mais il marche dessus pour atteindre plus vite un pot de Merck (cocaïne), une petite boîte de Bénarès. Fameux! le Bénarès! Ou l'ordonnance du médecin à la cote qui pour 10 francs, sous prétexte de désintoxication, vous ouvrira les portes du potard à morphine.

Alors sous les yeux de notre divin malheureux le monde déroulera ses secrets.

Votre homme se sentira transporté à travers les âges et les airs sur le fameux tapis volant. Et pour vivre dans l'éternité ce conte intraduisible, il s'en ira comme ce cher et vieux compagnon de route le fit naguère à Marseille, se trancher délicieusement les veines du poignet, dans une baignoire, au Hamman!

Ils décident parfois de se faire désintoxiquer. Pendant ce sevrage, ils sont bien des fous. La privation de drogue déchaîne un typhon autour de ce pauvre passager de maison de santé. Une minute arrive où il doit tenir ou couler.

Derrière la porte, l'homme tangue, roule, se soulève, s'abat et, dans la colère qui seule encore le soutient, on l'entend crier au docteur :

— Assassin ! Vendeur de soupe ! A ma sortie, je vous étrangle !

ISOARD EST GUÉRI

Isoard est guéri. Ce matin, il quitte l'asile. Ebloui par la liberté il s'est arrêté à la grille et regarde l'avenue en face de lui.

Depuis huit jours Isoard me voyait rôder dans son établissement, il me connaissait bien.

— Je vous emmène déjeuner, lui dis-je.

Il me répondit :

— Je ne suis pas trop bien habillé.

Nous partîmes.

Isoard est solide. Il avait fait la guerre « sans rien ».

— Alors je rentre au village. J'étais maréchal-ferrant. J'allais me marier quand je tombai dans la tristesse. Je ne savais pas me remonter. J'avais peur de tout. Si le facteur m'apportait une lettre, je ne l'ouvrais plus. C'est comme des malheurs que je supposais dedans. Cela dura deux mois. Puis un jour j'ai voulu me défendre. Je croyais que tout le monde guettait mon passage pour me faire du mal et j'ai frappé un camarade tant que j'ai pu. Je revois bien tout maintenant. On a bien fait de m'enfermer, j'aurais pu tuer, peut-être.

— Il y a longtemps?

— Eh bien! c'était voilà le coup de deux années.

— Et qu'avez-vous fait à l'asile?

— J'ai attendu de guérir pendant un an et pendant l'autre année j'ai attendu de sortir.

Je m'attablai au restaurant du Dôme avec Isoard.

— Je ne vais peut-être plus savoir me tenir à table, dit-il.

— Et quand vous avez été guéri, que fit-on de vous à l'asile?

— On me laissa parmi les fous. Je disais au

docteur : « Cela va me redonner la maladie ! » Il me répondait : « Il faut que je vous observe. »

Oh ! il était bien gentil. C'est lui qui m'a fait sortir. Voilà son certificat. Il dit bien dessus que je suis tout à fait normal.

Isoard n'avait manié ni couteau ni fourchette depuis deux ans et il contemplait ces instruments avec soulagement.

— C'est la preuve que je suis libre, disait-il.

Et il ajoutait comme pour ne rien cacher de la simplicité de son âme :

— Ça me fait bien plaisir

Isoard prenait un train à trois heures pour rentrer chez lui.

— Je vais vous accompagner dans votre pays, lui dis-je, cela ne vous ennuie pas ?

C'était à soixante kilomètres de là.

On arriva au bourg.

— Voilà ma forge, dit-il, en s'arrêtant devant une baraque.

Un autre forgeait à sa place. Il le connaissait bien.

— Eh bien! bonjour! qu'il lui dit.

Le forgeron en resta le marteau sur l'enclume.

— Ah! c'est toi? qu'il dit. On t'a relâché? C'est-y que tu serais guéri?

— C'est que ça va bien maintenant.

— Alors tu vas voir ta mère?

— Eh oui! je rentre.

Nous reprîmes notre chemin.

— Bonjour! dit Isoard à un autre villageois.

L'autre répondit : « Eh bien! je t'avais cru mort. »

Voici sa maison. Nous entrons. La mère lavait du linge dans la cour.

— Bonjour! dit Isoard.

La mère se retourne, lâche son battoir.

— Je suis tant contente que tu reviennes déjà. Alors, ces messieurs t'ont donné un bon certificat?

— J'ai le certificat.

— Eh bien! assieds-toi donc, ainsi que le monsieur qui t'accompagne. C'est-y qu'il sort de l'asile départemental, aussi?

Je partis dans le village. La nouvelle était déjà connue. Le forgeron me demanda :

— Pourquoi qu'on l'a relâché, puisqu'il était fou?

Je suivis le forgeron à l'auberge.

— Vous savez-t-y qu'Isoard est de retour? lança l'homme.

— Et pourquoi qu'on l'a relâché? dirent les braves gens.

— D'abord il ne pourra plus travailler. Tu vas pas lui rendre ta forge, toi, Monchin?

— S'il vient même pour se faire ferrer j'en voudrons point.

Le maire était parmi les buveurs.

— Mais il est guéri, dis-je, il est comme vous autres. C'est moi qui le ramène!

Alors le maire proclama :

— On ne veut pas de fou dans le village. Puisqu'il y a des maisons *exeprès* pour eux, pourquoi qu'on ne les y garde pas? La première fois qu'il bouge un doigt, je le fais remballer. Voilà!

Voilà!

O PSYCHIATRIE

Et chez les fous, au milieu de cette sarabande hallucinante, il y a des hommes qui ne sont pas fous !

A peine êtes-vous dans l'antre que des pensionnaires se ruent sur vous, tendent des lettres, supplient qu'on les regarde : « Regardez-moi donc ! Pourquoi suis-je ici ? Je ne suis pas fou. C'est une infamie. Va-t-on me laisser mourir dans cette prison? »

Cris, gestes vifs ne prouvent pas que ces emmurés aient perdu la raison. Un homme tombé au fond d'un puits donnera de la voix dès qu'il entendra le pas d'un passant.

D'autres sont calmes :

— Je ne nie pas, j'ai eu de l'anémie au cerveau, mais voici trois ans. Depuis plus de deux ans, je ne sens plus rien, je vois clair comme avant. Pourquoi ne me renvoie-t-on pas?

Si ce malade l'eût été du foie, des bronches, du ventre, sitôt guéri il serait sorti de l'hôpital. C'est que la chose est dans les habitudes et que la médecine générale est plus vieille que la psychiatrie. Dans plusieurs siècles, la psychiatrie aura assuré ses bases. En l'an 2.100, le guéri aura le droit d'être guéri. Présentement, il doit attendre son heure; la science, elle, attend bien la sienne! Le fou est né trop tôt.

— Cet homme est-il vraiment guéri, docteur?

— Possible. Depuis plusieurs mois, il est normal. Ne rechutera-t-il pas?

Il est préférable pour un homme d'être bandit que fou. Quand le bandit a purgé sa peine, on lui ouvre la porte de la prison sans lui demander s'il recommencera!

Les bras ballants, l'œil atone, l'ex-malade écoute. Il est prisonnier maintenant, non pas au nom du passé, mais au nom de l'avenir!

— Enfin! je ne le sais pas, dit-il, et vous ne le savez pas davantage. Tout ce que l'on sait c'est que, pour le moment, je suis guéri. Alors, que fais-je chez les fous?

Il y attend que plus de lumière tombe sur l'humanité.

Regardons un document. Il est beau.

Des parents apprennent qu'un de leurs cousins goûte l'hospitalité d'un asile depuis 1919. Ils font le voyage.

Ils le voient « si lucide », sa conversation étant « on ne peut pas meilleure », les cousins passent sur les droits de la femme de l'aliéné. Ils demandent au docteur les raisons de ce maintien à l'asile.

Ils reçoivent le certificat que voici :

« M. X... va très bien physiquement. Au point de vue mental il est calme et docile, mais insouciant, indifférent, inoccupé, peu conscient de son intérêt réel, sans souci de son avenir. Sa place reste à l'asile, car il ne pourrait plus s'adapter à la vie sociale. »

« Il est insouciant ! » Alors pourquoi cria-t-il vers ses cousins qui enfin le dénichèrent ?

« Il est inoccupé. » Peut-être pourrait-il, en récompense des bons soins dont on l'entoure, construire un monument en l'honneur des médecins de l'asile ?

« Il est peu conscient de son intérêt réel. » Avant tout autre, son intérêt réel est de décamper.

« Il est sans souci de son avenir. » Voyez-vous ce phénomène enfermé depuis six ans et qui se permet d'être sans souci de son avenir ?

« Sa place est à l'asile parce qu'il ne pourrait plus s'adapter à la vie sociale ! »

Certainement ce médecin-chef ne sait pas ce qu'il écrit.

Avec ces « attendus », je fais enfermer vingt de mes meilleurs amis dans une matinée.

Et aussi ledit médecin-chef.

Au fait, il est surprenant qu'il ne le soit pas déjà !

Si la loi de 38 permet aux médecins de se livrer à de si consciencieuses facéties, elle est une bouffonnerie, non une loi.

Parce qu'il est insouciant de son avenir, un homme est sous les verrous depuis six ans !

Fouillez les asiles ! Dans chacun vous ramènerez de ces malades-là.

Une science qui tâtonne s'arroge des prérogatives qui ne devraient appartenir qu'à la justice.

L'idée de persécution fait beaucoup de malheurs. Elle fait surtout le malheur de ceux qui l'ont. Les psychiatres ne manquent pas de psychologie, mais d'informations, et quand la psychologie repose sur des bases erronées, c'est toujours de la psychologie, seulement elle est fausse.

Les asiles sont remplis de vrais persécutés — c'est-à-dire de gens que leur maladie seule persécute. Que parmi ces malades authentiques un homme victime d'un mauvais coup se dresse et s'écrie : « Ma femme a voulu se débarrasser de moi pour vivre en paix avec son amant », cet homme, d'autorité, est un persécuté. Ce qu'il avance est exact. Il suffirait d'un tour dans la ville pour vérifier. On ne fait pas ce tour. L'homme, toutefois, ne présente pas d'autres symptômes de folie. « Ecoutez dit le docteur, reconnaissez que vous n'êtes pas persécuté par votre femme et je vous relâche. » Le client devrait reconnaître. Il est têtu. Il tient à la vérité. « Ma femme me persécute, dit-il, et je ne sors pas de là. » Il ne sortira pas de l'asile non plus.

Voici un fait. Mlle Berger a soixante-dix ans. Elle ne donne plus aucun signe de dérangement. Le docteur ordonne sa sortie. Mais la malade commet l'imprudence de dire : « Je ne partirai que dans quelques jours, j'ai écrit à ma mère qu'elle vienne me chercher. Je l'attends. »

A soixante-dix ans on n'attend plus sa mère. Mlle Berger n'est donc pas guérie. On remet en observation cette aïeule qui joue à la petite fille.

Mais Mme Berger mère arrive à l'asile.

— Pas d'erreur, fait le docteur, la mère existe.

C'est donc que la fille est guérie.

O psychiatrie!

Les aliénistes vous disent :

— De quoi se mêle votre ignorance, Monsieur?

Ignorance? Ah! laissez-moi pleurer, Psychiatres! Tout votre art n'est qu'un pile ou face. Voyez l'histoire de M. Serre. M. Serre a cessé de délirer. Il est bien. Du moins en jugez-vous ainsi. Vous dites à sa famille : « Si vous consentez à le reprendre, nous ne pouvons pas nous y opposer. » La famille veut bien de M. Serre. Il sort.

Le lendemain, M. Serre prend sa femme, ses deux enfants et les emmène au restaurant. On rentre et l'on referme la porte de la maison sur cette bonne soirée. Serre saisit sa femme et lui tranche la gorge. Il passe aux enfants et les poignarde. Après, il sort une corde de sa poche, va à la cuisine, lave ses mains sanglantes et se pend! — sans refermer le robinet.

Ce n'était pas de chance pour les guéris de l'asile dont la valise était prête.

Il ne suffit pas d'être innocent, il faut encore que le voisin ne fasse penser que vous pouvez devenir criminel.

Dans le doute, tous redevinrent douteux.

Les hommes souffriront encore longtemps de l'ignorance des hommes.

Guéris, demi-fous sont maintenus dans les asiles.

On croirait qu'on retire un galon à M. Psychiatre chaque fois qu'on lui enlève un malade.

Je connais des aliénistes qui sentent se déchirer leur cœur lorsqu'ils signent un bulletin de sortie. C'est les entrailles qu'on leur arrache!

Vous avez raison, disent-ils, amendons la loi de 38, mais non point dans le sens que vous supposez, au contraire! Rendons l'internement plus commode.

Si les dingos, les maniaques, les excentriques, les bizarres, les inventeurs doivent être enfermés, commandez les maçons! Nous avons quatre-vingts asiles. Quintuplons! Craignez-vous de manquer de main-d'œuvre? Ne vous arrêtez pas. Raflez ces messieurs les originaux et, que de leurs mains, ils élèvent leurs bastilles!

Les « malades », docteurs, ne manquent pas d'asiles, ils manquent de soins.

Les asiles font des fous.

— C'est faux! proclament les hommes de l'art.

Ils en ont fait d'abord quelques-uns parmi les aliénistes.

Et ils ne remettent pas l'esprit en place. Chaque jour, en sortant de ces maisons, la vie ordinaire me semblait bouleversée. Le monsieur qui, dans le tram, se mouchait avec violence; l'employé qui pétrissait dédaigneusement ses sous dans sa sacoche et, soudain, sautait sur un cordon pour le tirer; cet imprudent qui, négligeant le danger, galopait après la voiture sur des pavés glissants; ces hommes mal habillés (c'était du négativisme) criant l'*Intran* en vous offrant *Paris-Soir* et la *Presse* en vous tendant la *Liberté*, tout cela n'était pas clair... Psychiatres, vous avez raison. Construisons d'autres asiles!

CHEZ M. PSYCHIATRE

M. Psychiatre est un hôtelier qui attire ses clients au son de la médecine.

Il dirige une maison qu'il appelle de *santé* — comme la prison.

Il joue de la science ainsi que d'autres du cor de chasse.

Il est également garde-chiourme.

De plus c'est un « voyant ». Il lit non pas les lignes de la main, mais les sillons du cerveau.

M. Psychiatre m'a déjà fait dire qu'en moi il n'avait pas reconnu un fou mais un crétin.

Cela, pour préciser tout de suite les relations qui

nous ont cordialement unis pendant ces mois d'hiver.

La première fois que je lui rendis visite, il me reçut dans l'un de ses salons. Nous occupions deux des angles de la pièce, lui sur une chaise, moi sur une autre. Douze mètres étaient entre nous. Il était cinq heures du soir. Terré dans mon coin, je voyais non sans étonnement diminuer la distance qui me séparait de M. Psychiatre. A chacun de ses arguments, dont quelques-uns étaient lunaires, il avançait sa chaise de cinquante centimètres dans ma direction. Nous ne fûmes bientôt plus qu'à six mètres l'un de l'autre. Il était cinq heures et demie de l'après-midi. A six heures, son nez touchait le mien et c'est l'instant même qu'il choisit pour s'écrier : « Monsieur! Il faut voir la chose avec horizon! »

Ce jour j'ai compris une mésaventure récente de M. Psychiâtre.

Il se trouvait au premier étage, avec l'un de ses clients, aussi bien habillé que lui. Le client prétendait que son lit était mauvais et refusait d'entrer dans cette chambre.

M. Psychiâtre y pénétra et se mit à sauter sur le lit afin de démontrer l'excellence du sommier.

Passe un nouvel infirmier. Il voit l'homme qui gesticule, alors il ferme rapidement la porte. Le fou qui était dans le couloir ne dit rien et s'en va.

Au bout de trois heures, notre ami n'était pas encore délivré. Personne ne voulait croire qu'il était le médecin et non le fou.

La maison de M. Psychiâtre est une boutique de bric-à-brac. C'est la foire aux puces : on y trouve de vrais fous, d'anciens fous, de *futurs fous*. Il y a l'authentique, le probable, le douteux, le récalcitrant et la victime. On y voit l'homme enchanté d'avoir décroché un certificat d'aliénation mentale, autrement il serait en prison. Celui-là paye le prix fort.

Avez-vous passé plusieurs mois de votre vie à vous faire mettre à la porte? Ce n'est qu'une habitude à prendre. Neuf fois M. Psychiâtre m'a fait saisir par ses estafiers et déposer sur la chaussée.

J'étais pourtant bien gentil, je ne faisais pas de bruit dans la cabane. Un jour, surtout! Assis dans l'antichambre, je lisais les *Trois Mousquetaires*. Le chapitre devenait passionnant, quand, soudain, un monsieur confortablement décoré s'arrêta devant moi et me cria d'une voix forte :

— Vous attendez quelqu'un?

— Non, Monsieur, fis-je avec confusion.

— Mais que faites-vous-là?

— On m'attend.

— Qui vous attend?

— Mon cousin germain, Monsieur.

Vous comprenez que je lui disais là un gros mensonge. Enfin je pense que mes parents me pardonneront d'avoir introduit ce fou dans la famille.

— Où est-il votre cousin germain?

— C'est bien ce que je voudrais savoir, fis-je.

Et je dis le nom de l'interné.

— Il est dangereux, fit M. Psychiatre. Il délire depuis huit jours, je ne laisserai personne l'approcher.

— Depuis huit jours! dis-je toujours timidement. Il m'a pourtant écrit cette longue lettre très sage avant-hier.

— Ah! il vous a écrit encore!

M. Psychiâtre ayant ordonné que l'on me mît dans la rue, partit à pas furieux dans son royaume secret — et cela sans m'avoir dit au revoir!

Une autre fois je fus plus malin. Quand on prend le temps et que l'on ne me bouscule pas, on peut arriver à me faire comprendre quelque chose. Il s'agissait d'entrer coûte que coûte dans la boutique. Alors je me dis si je demande à voir un citoyen qui n'est pas fou on va de nouveau me jeter dans le vent, la pluie et la boue. Cela posé, il ne reste qu'une solution : me faire le parent d'un fou furieux, Celui-là, dût-il m'accueillir en me soufflant au visage la dernière nappe perfectionnée des gaz asphyxiants, on me le montrera.

Je m'enquiers. Un fou évident, authentiquait la maison de M. Psychiatre. Je vais trouver les parents du fou.

— Madame et Monsieur, leur dis-je, il est indispensable que je devienne votre beau-frère.

— Mais nous n'avons pas de sœur, me dirent-ils tous les deux bien gentiment.

— Passons sur la sœur, fis-je. Donc je deviens votre beau-frère et je vous accompagne chez M. Psychiatre. Là nous sommes introduits près de votre parent. Je suis dans l'antre. Je vous quitte un moment. Dans le jardin une dame se promènera.

— Une dame qui est faite comme ci et comme ça ?

— Vous l'avez dit !

— Vous l'enlevez...

— Non, monsieur, je ne l'enlève pas, je fais simplement ma petite affaire.

— Dans le jardin ?

— Où je pourrai. Après, je vous rejoins. Le tour est joué. Etes-vous d'accord ?

— Topez ! me dit le monsieur.

— Topons !

Me voici chez Monsieur Psychiatre. C'est une demeure de plaisance.

Sur un banc, un Monsieur a fini de se promener. Son col de pardessus est relevé et, du bout de sa canne, il fait de la sténographie dans le sable. Il donne, tout haut, des ordres de bourse à son infirmier :

— J'achète ferme 1.000 Suez et 5.000 Godchaux. Je vends mes Saint-Domingue. Je reporte tout sur le Kummel d'Ukraine. Allez ! Rompez !

Mais voici le *parent*.

Il est très bien ! Beaucoup de familles se feraient honneur de posséder un homme de cette distinction. Malheureusement, il a deux têtes. C'est sa maladie. Cela ne se voit pas, mais, lui, il le sait ! L'une de ses têtes est coiffée d'une casquette, l'autre d'un haut de forme. Quand c'est la tête à haut de forme qui le dirige, vous le pouvez sortir dans le monde, c'est un monsieur, il se conduira convenablement. Mais quel voyou il fait quand la tête à casquette prend le dessus ! C'est justement le cas aujourd'hui.

Je lui dis bonjour :

— Pissenlits sur la tombe ! me répond-il.

J'aperçois « ma » dame dans le jardin. Elle m'attendait. Elle me remet l'histoire écrite de son internement. Et je pars.

Maintenant, je vais vous dire ce qui se passa le lendemain.

Le lendemain, M. Psychiatre apprend que j'ai vu la dame interdite : il la met au secret. Elle ne sortira plus dans le jardin. Elle ira dans une pièce non chauffée ! On la *piquera* de force, pour l'abrutir, en cas d'une visite de contrôle.

M. Psychiatre s'écrie : « Ah ! celle-là ne me fera pas le coup de l'autre ! »

L'autre lui avait « fait le coup » de prouver qu'elle n'était pas folle!

Cette dame est prisonnière.

Aucun jury ne l'a condamnée.

Seul, M. Psychiatre en a décidé ainsi.

Le roi est mort, vive le roi!

Et, le 14 juillet 1789, le peuple de Paris prit la Bastille — dit-on.

Ce matin là, je louvoyais dans un quartier d'asile, en compagnie d'un interne.

— Les fous, me disait-il, ne sont pas ce que l'on suppose. Le public les voit mal... Ce ne sont pas toujours des forces déchaînées. Tenez, regardez ceux-ci, réunis dans cette salle.

Ils étaient une dizaine. Ils parlaient un peu haut, mais cela arrive aux personnages les plus sensés.

— Vous pouvez entrer, me dit l'interne.

J'entre. Les têtes étonnées se tournent de mon côté. Je reconnais le médecin-chef au milieu du groupe.

L'interne me saisit par le bras.

— Quoi?

— Erreur! fait-il en se mordant la lèvre, ce ne sont pas des fous mais des aliénistes. C'est la Ligue de l'hygiène mentale qui tient séance!

Il avait suffi de l'épaisseur d'un carreau.!

RÉFLEXIONS

La façon dont notre société traite les citoyens dits aliénés date de l'âge des diligences.

Regarder vivre nos fous n'est pas plus ahurissant que ne le serait de nos jours le départ de deux voyageurs, en poste pour Rome.

La Loi de 38 n'a pas pour base l'idée de soigner et de guérir des hommes atteints d'une maladie mentale, mais la crainte que ces hommes inspirent à la société.

C'est une loi de débarras.

Ce monsieur est-il encore digne de demeurer

parmi les vivants ou doit-il être rejeté chez les morts?

Dans une portée de petits chats, on choisit le plus joli et on noie les autres...

Les Spartiates saisissaient les enfants mal faits et les précipitaient du haut d'un rocher.

C'est quelque chose dans ce genre que nous faisons avec nos fous.

Peut-être même est-ce un peu plus raffiné. On leur ôte la vie sans leur donner la mort.

On devrait les aider à sortir de leur malheur, on les punit d'y être tombés.

Cela sans méchanceté, mais par commodité.

Les fous sont livrés à eux-mêmes.

On les garde, on ne les soigne pas.

Quand ils guérissent, c'est que le hasard les a pris en amitié.

La médecine mentale n'a pas de frontière fixe. On enferme ceux qui gênent leur entourage. Si l'entourage est conciliant, de plus fous demeurent en liberté.

Un médecin n'a qu'une conscience, en revanche on lui donne cinq cents malades.

Les bouviers mènent bien jusqu'à cent bœufs!

La folie est semblable à ces chapeaux de prestidigitateur, qui ont l'air d'être vides et d'où l'artiste extrait sans effort, cent mètres de ruban, une valise, un bocal de poissons rouges, deux poules de Houdan et la tour Eiffel, grandeur naturelle!

A quel moment un aliéné cesse-t-il d'être aliéné? Là, nous entrons dans un brouillard de poix. Deux psychiâtres se disputant un malade prouveront chacun avec évidence, l'un que le malade est sain, l'autre que le malade est fou. C'est un pic de la science encore mal exploré. Comme le sommet de l'Himalaya, on sait qu'il existe, personne n'y est encore allé.

Des internements qui, au début, sont légitimes, cessent de l'être par suite de l'évolution de la maladie.

Comment savoir qu'un fou n'est plus fou puisqu'on ne le soigne pas?

Dans un asile, un malchanceux est resté quatorze années en cellule! Oubli? Entêtement?

Erreur? Le docteur qui l'en a fait sortir ne le sait pas. L'homme demande justice. Il est toujours enfermé, mais libre, dans le jardin. Je lui ai expliqué que ce qu'on lui avait fait était légal.

Les fous mangent une nourriture de baquets. Les trois quarts des asiles sont préhistoriques, les infirmiers sont d'une rusticité alarmante, le passage à tabac est quotidien.

Les asiles ont des crédits d'avant guerre. On ne va tout de même pas faire de frais pour les loufoques? Seuls, les asiles de Paris (Seine et Seine-et-Oise) ont de quoi aller au marché.

Les autres touchent 9 fr., 7 fr., 4 fr. 65 par tête de fou.

Camisoles, ceintures de force, cordes coûtant moins cher que des baignoires, on ligote au lieu de baigner.

Lorsque la guérison s'affirme, on laisse le con-

valescent avec les fous. C'est à peu près sauver un noyé de l'asphyxie, mais le maintenir le corps dans l'eau jusqu'à ce qu'il soit complètement sec!

Le régime des asiles est condamné.

Un fou ne doit pas être brimé, mais soigné. De plus, l'asile doit être l'étape dernière. Aujourd'hui, c'est l'étape première.

Il ne faut interner que les incurables.

Les autres relèvent de l'hôpital.

Sur 80.000 internés, 50.000 pourraient être libres sans danger pour eux ni pour la société.

On les a mis là parce qu'il n'y avait pas d'autre endroit et que c'était l'habitude.

On n'a pas cherché à les guérir, mais à les boucler.

L'heure est peut-être venue de nous montrer moins primitifs.

Un homme a tenté cette révolution, le docteur Toulouse.

Depuis son avènement, le citoyen a droit aux troubles du cerveau tout comme aux rages de dents. D'ordinaire, on dit à ce citoyen : « Nous allons d'abord vous interner, ensuite, on vous examinera ». Toulouse lui dit : Je vais d'abord vous examiner, ensuite je vous soignerai pour que vous ne soyez pas interné. »

Toulouse a lutté trente ans contre les pouvoirs publics. Alors on lui a donné un petit coin à Sainte-Anne, où fonctionne son « innovation ». Les pouvoirs publics ne parlent maintenant que de l'histoire du docteur Toulouse. Quand on leur dit :

— Qu'avez-vous fait pour les fous?

— Vous ignorez donc le service ouvert de Toulouse? répondent-ils.

Le Service ouvert de Toulouse est à Paris. Il est unique. Il en faudrait dix dans la capitale. Il en existe un autre à Bordeaux. C'est tout. Tout hôpital de France devrait avoir son quartier des maladies mentales.

Pourquoi ne l'a-t-il pas?

Parce que les maladies mentales, jusqu'en l'an 1923, n'étaient pas considérées dignes de faire partie des études médicales.

L'étudiant en médecine passait sa thèse sans avoir suivi un seul cours sur les maladies mentales. C'était facultatif.

Il n'existait donc que les spécialistes. En province, les spécialistes sont dans les asiles. Amener un psychopathe à l'hôpital eût été aussi peu indiqué que d'y conduire une vache atteinte de fièvre aphteuse. Allez voir le vétérinaire, se fût écrié le médecin. On porte le malade à l'asile. La trappe se referme!

La loi de 1838, en déclarant le psychiatre infaillible et tout-puissant, permet les internements arbitraires et en facilite les tentatives.

Un parent obtient d'un médecin — par ignorance du médecin ou complicité — un certificat d'internement. On conduit la victime à l'asile. Le docteur de l'asile s'aperçoit le lendemain de la combinaison. Il relâche le faux malade. Coffre-t-on le parent et son complice? Pas du tout! Ils ont la loi avec eux.

Sous la loi de 1838, on voit la chose suivante : des médecins d'asiles proposent la sortie d'un malade. C'est donc que le malade n'est plus fou. On doit le libérer. Or, le malade ne sortira pas. Qui s'y oppose? La Préfecture!

Sous la loi de 1838, les deux tiers des internés ne sont pas de véritables aliénés. D'êtres inoffensifs on fait des prisonniers à la peine illimitée.

Bref! Nous vivons sous le préjugé que les maladies mentales sont incurables.

Alors, on jette dans un précipice les gens que l'on en déclare atteints.

On ne fait rien pour les sortir du puits.

S'ils guérissent seuls et que cela se voit trop, on les laisse s'échapper après mille efforts de leur part.

S'ils gesticulent, on ne les calme pas, on les immobilise.

Pour se mettre en règle avec sa conscience, la société de 1838 a *bâti une loi. Elle tient en ces mots : « Ce citoyen nous gêne, enfermons-le. S'il veut sortir, ouvrons l'œil. »*

Notre devoir n'est pas de nous débarrasser du fou, mais de débarrasser le fou de sa folie.

Si nous commencions?

TABLE

DES

MATIÈRES

TABLE DES MATIÈRES

ACHEVÉ D'IMPRIMER
EN MCMXXV PAR LES
ÉTABLISSEMENTS BUSSON
23, RUE TURGOT, PARIS
POUR ALBIN MICHEL,
ÉDITEUR.

www.ingramcontent.com/pod-product-compliance
Ingram Content Group UK Ltd.
Pitfield, Milton Keynes, MK11 3LW, UK
UKHW022009170726
13837UKWH00001B/87

9 782329 177335